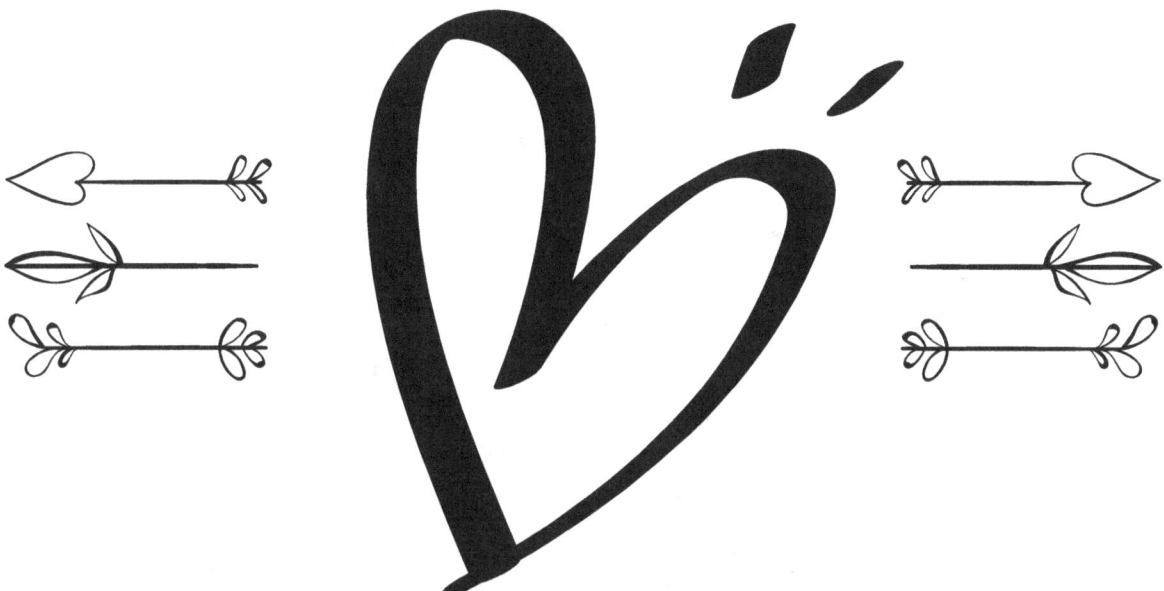

Este Libro
Pertenece a

Colorea Este Caracol

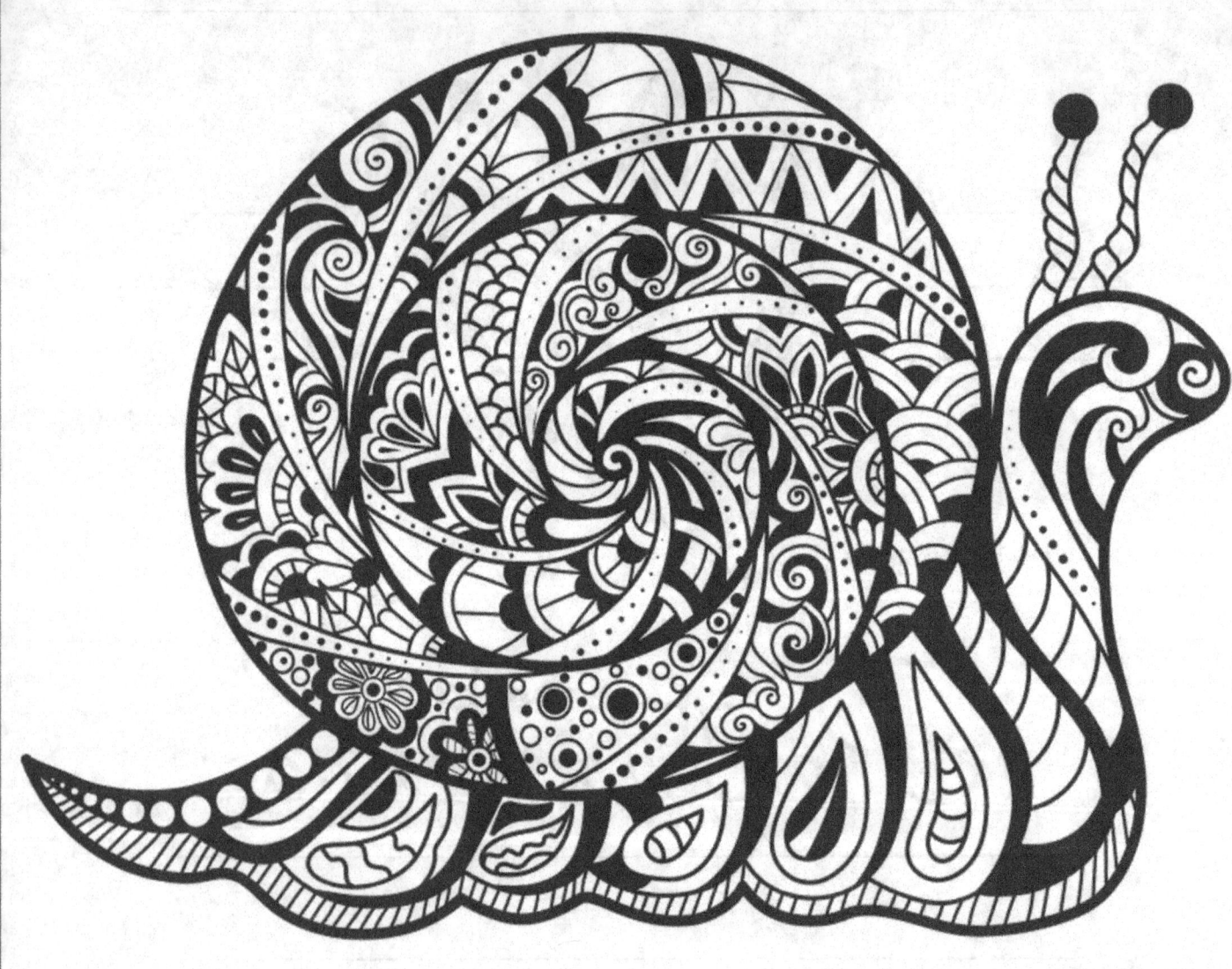

Colorea Este Caracol

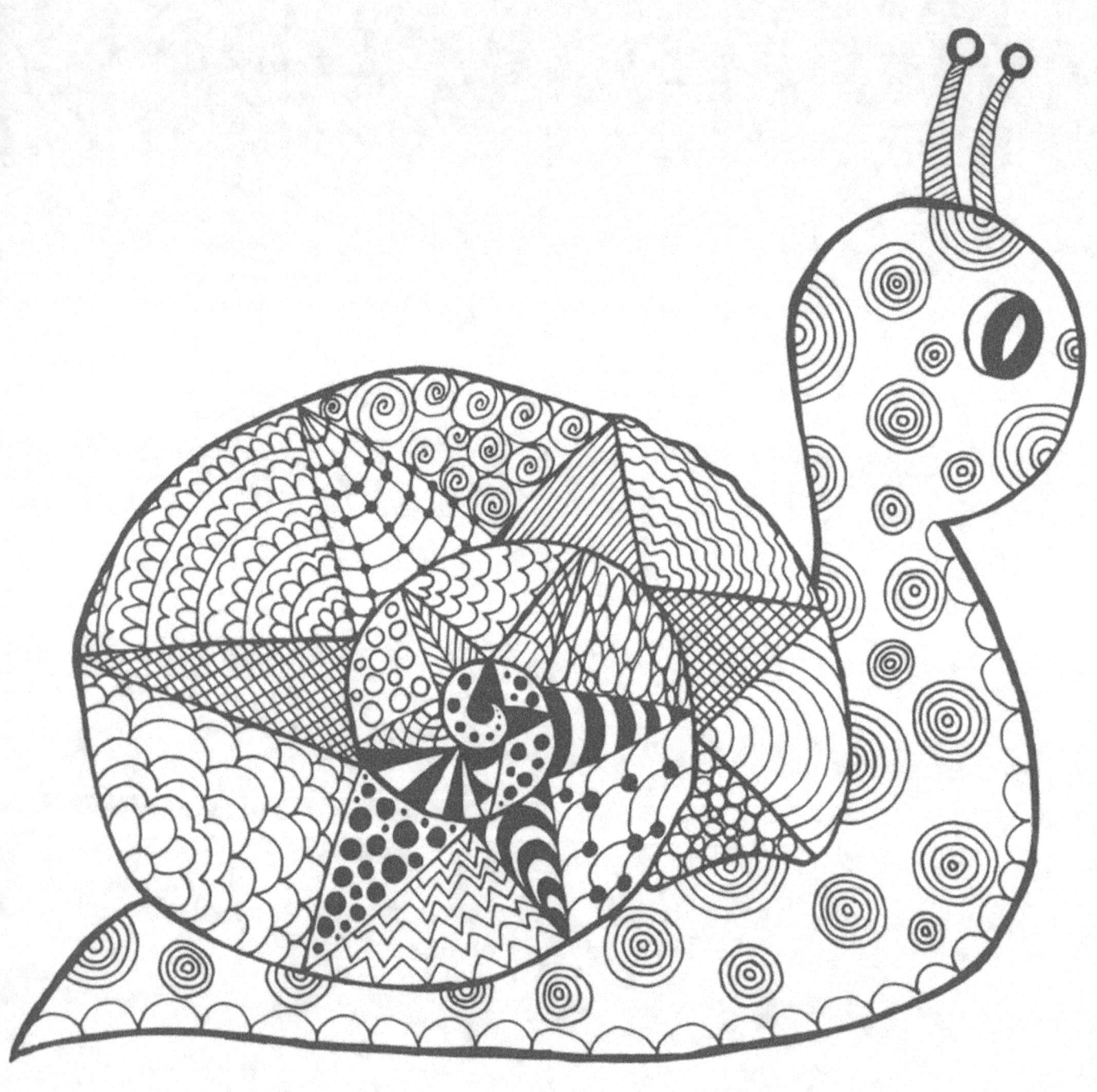

Colorea Este Caracol

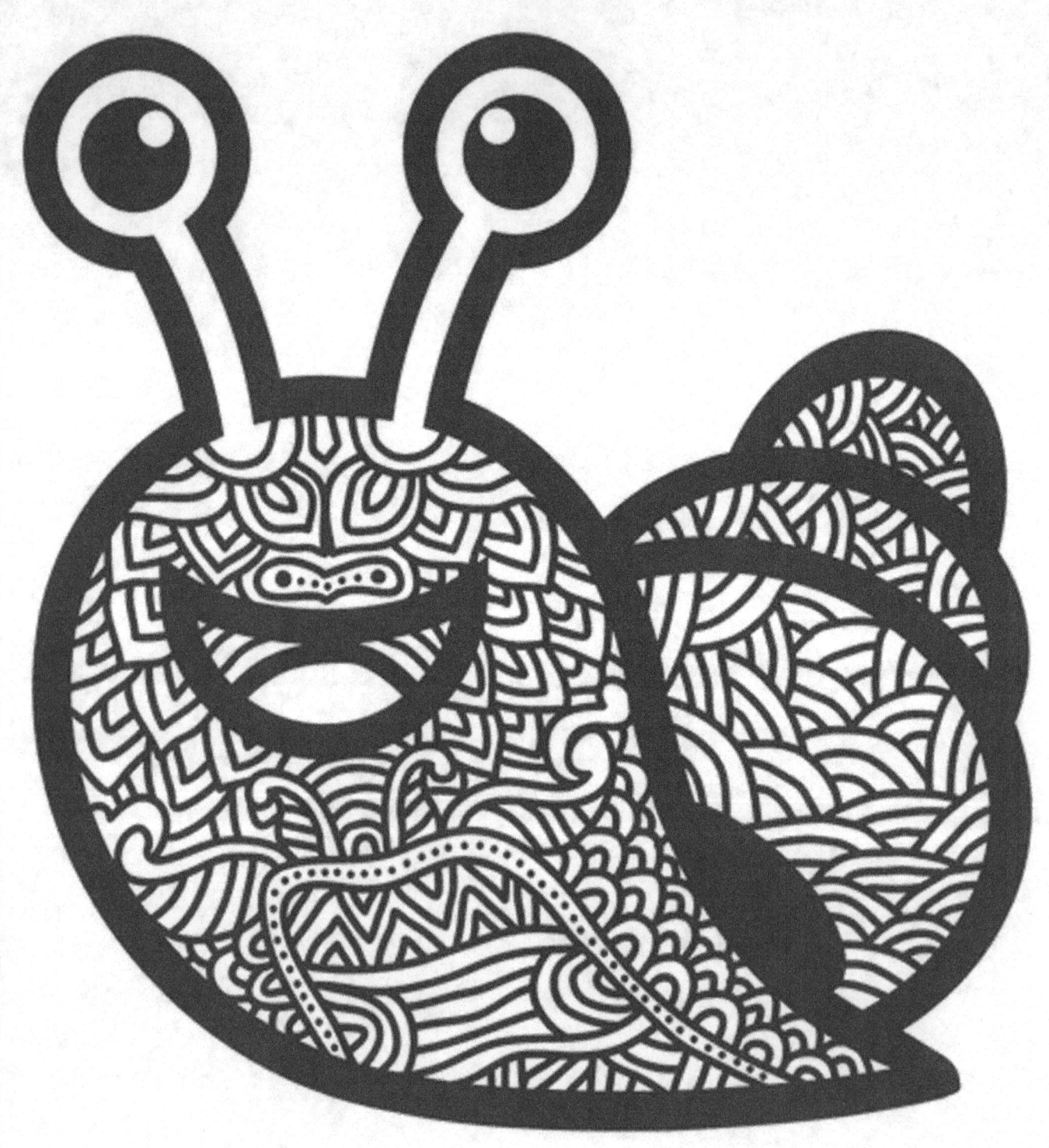

Colorea Este Caracol

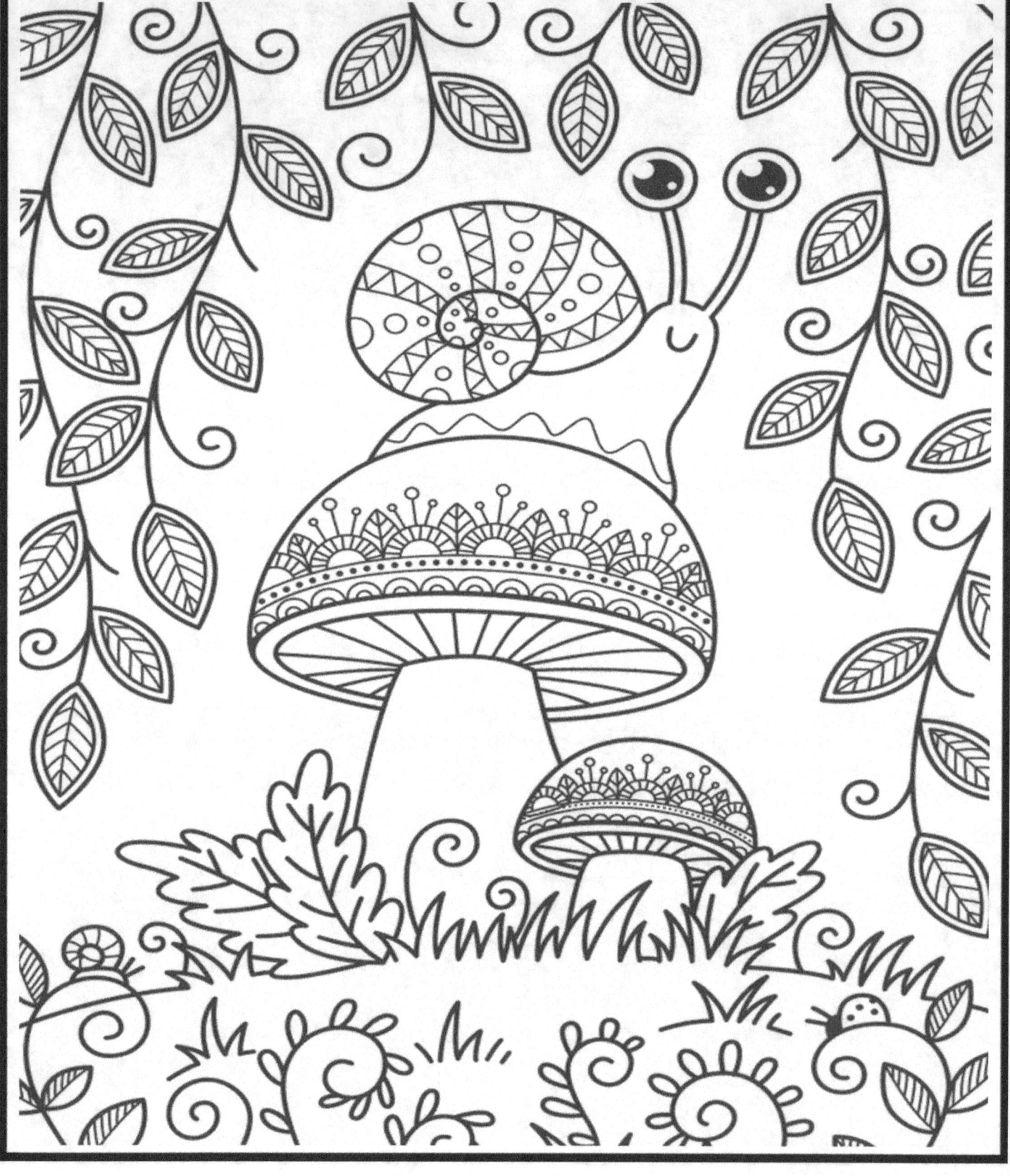

Colorea Este Caracol

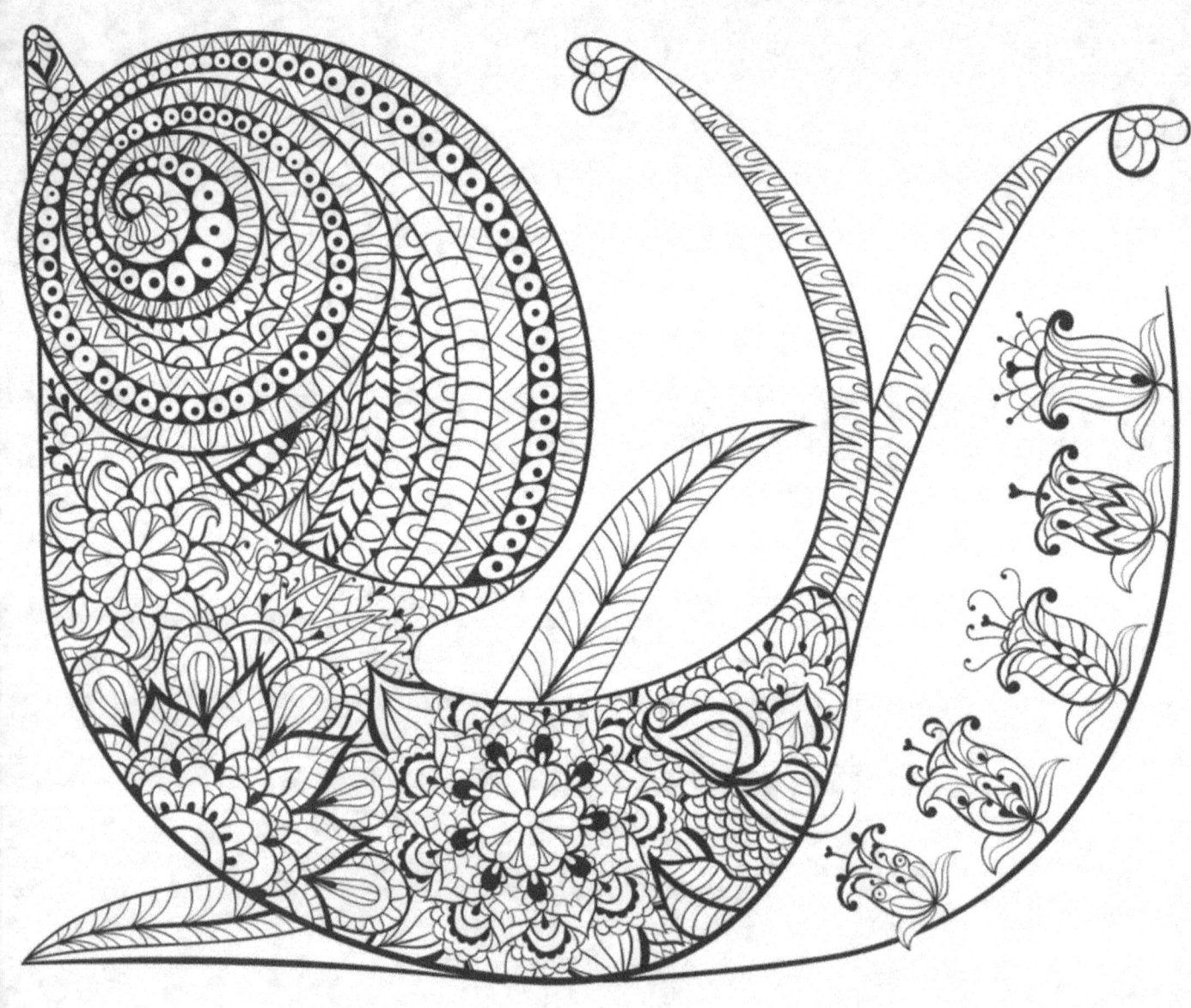

Colorea Este Caracol

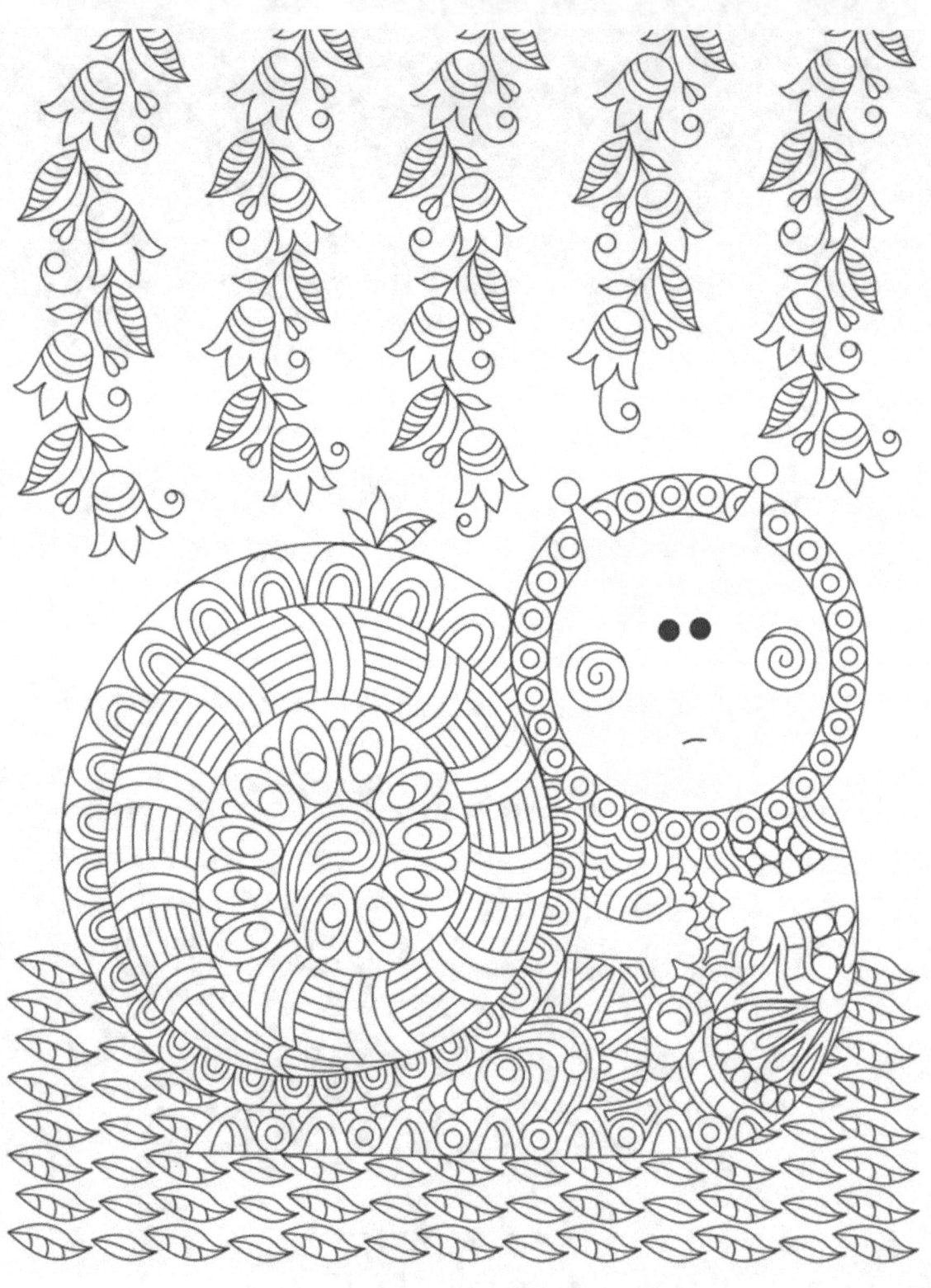

Colorea Este Caracol

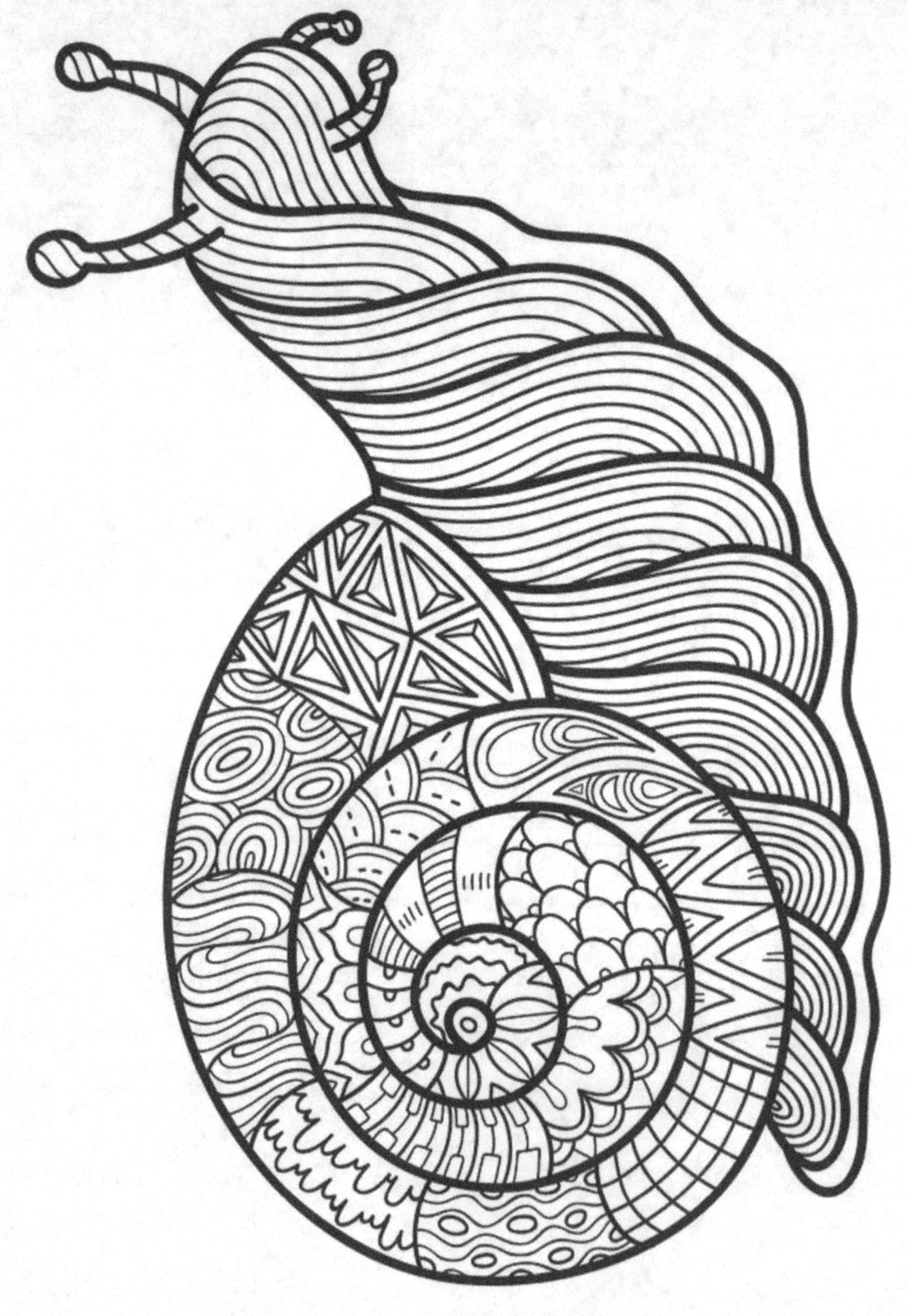

Colorea Este Caracol

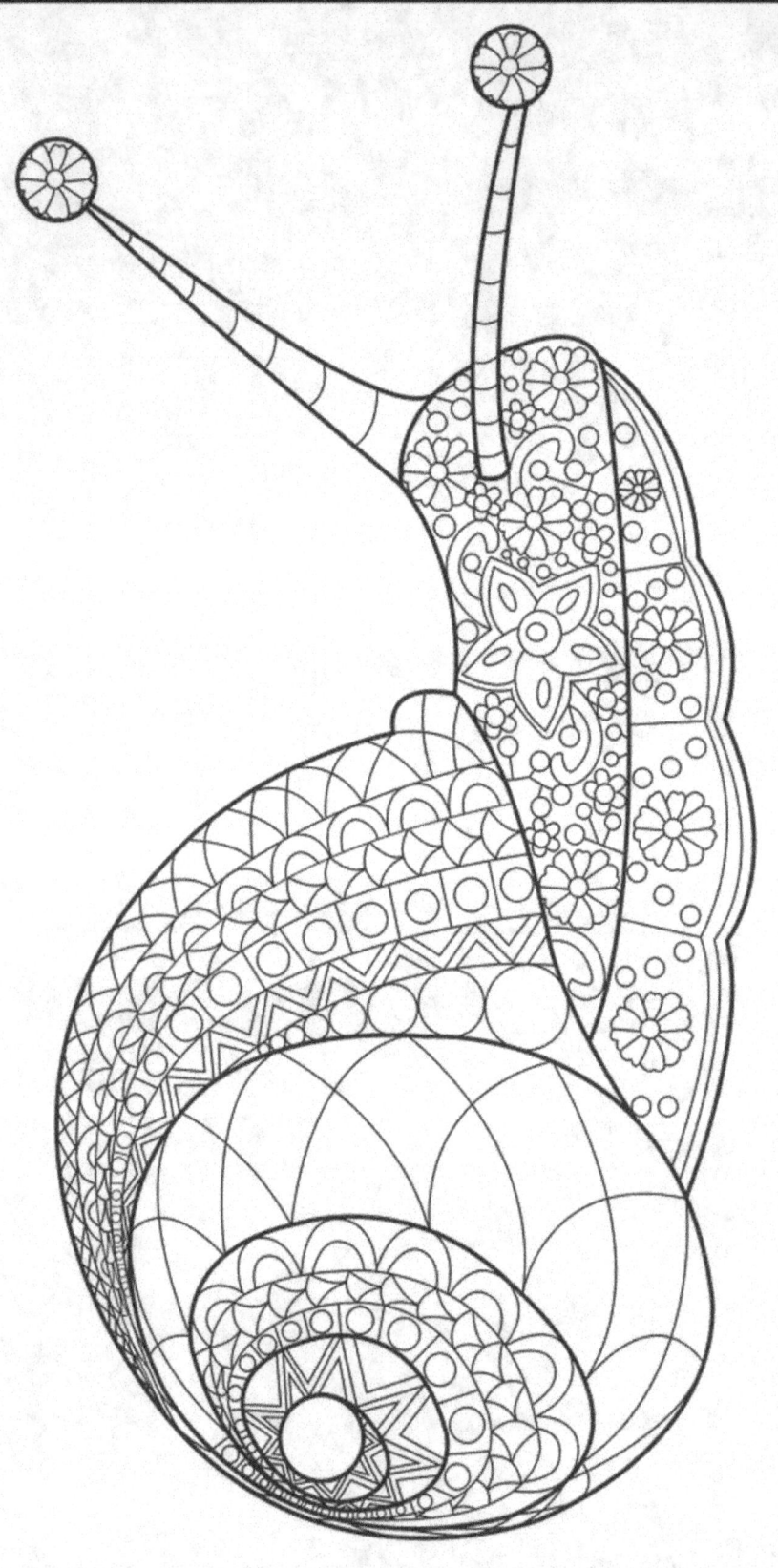

Colorea Este Caracol

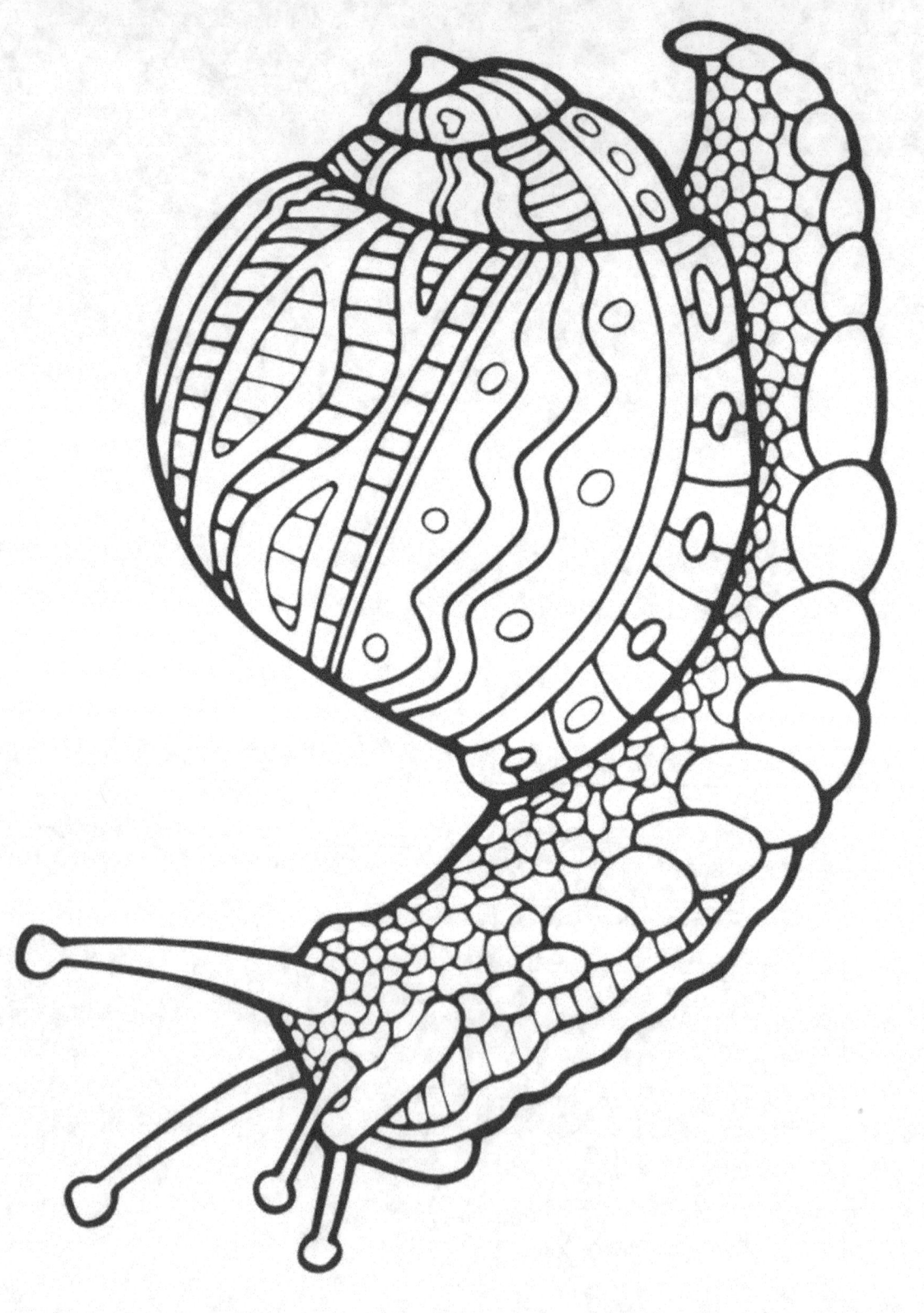

Colorea Este Caracol

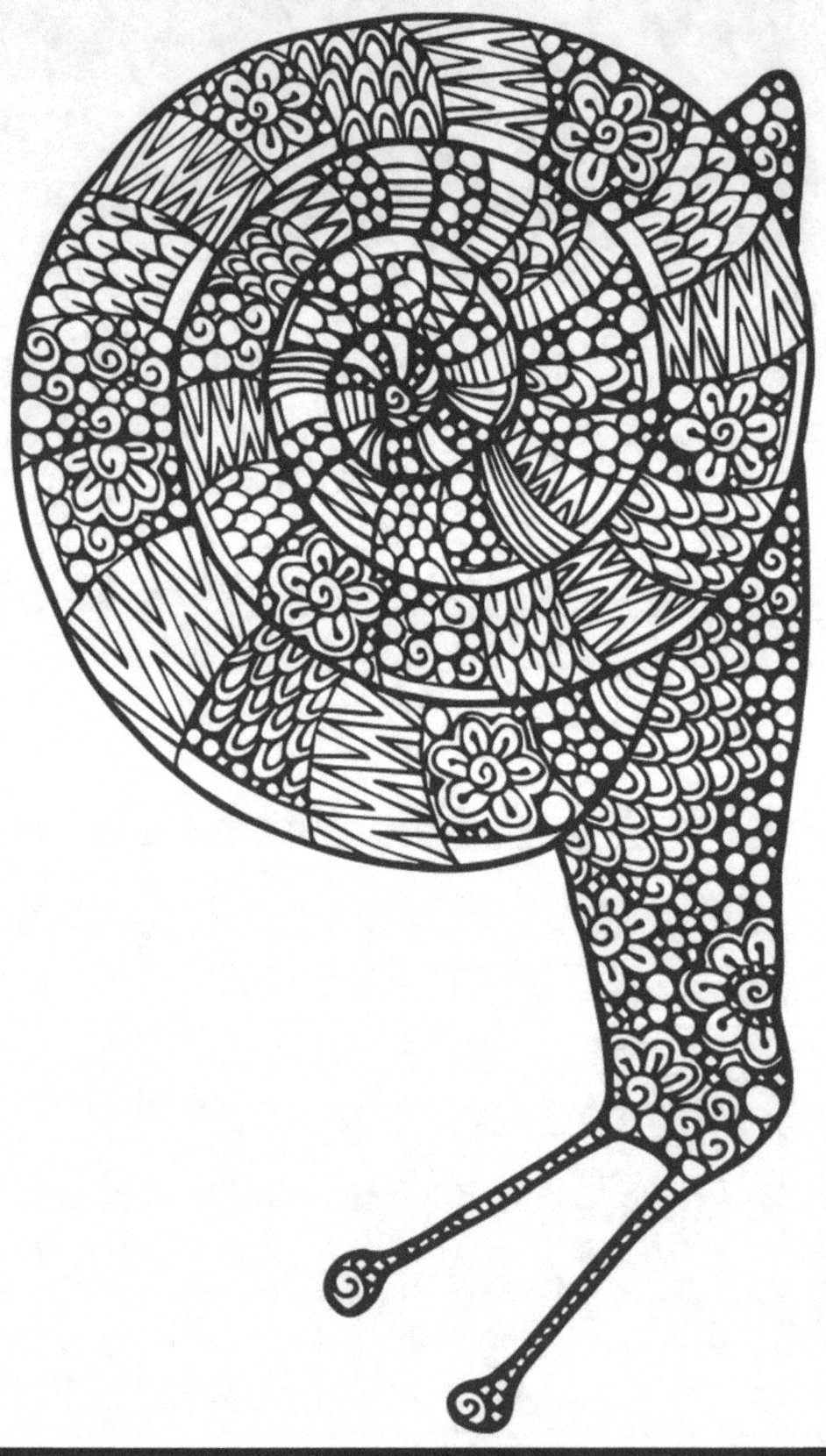

Colorea Este Caracol

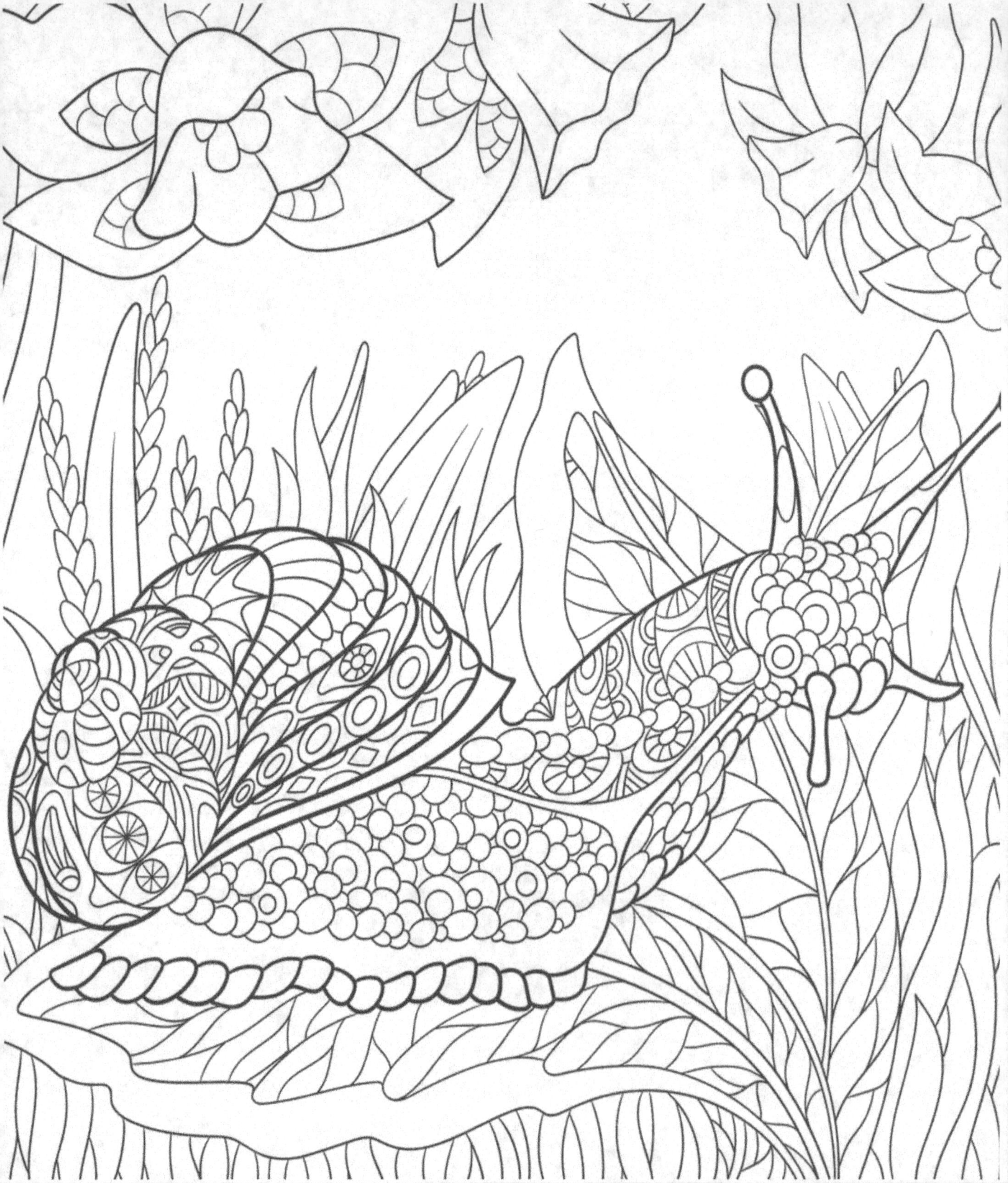

Colorea Este Caracol

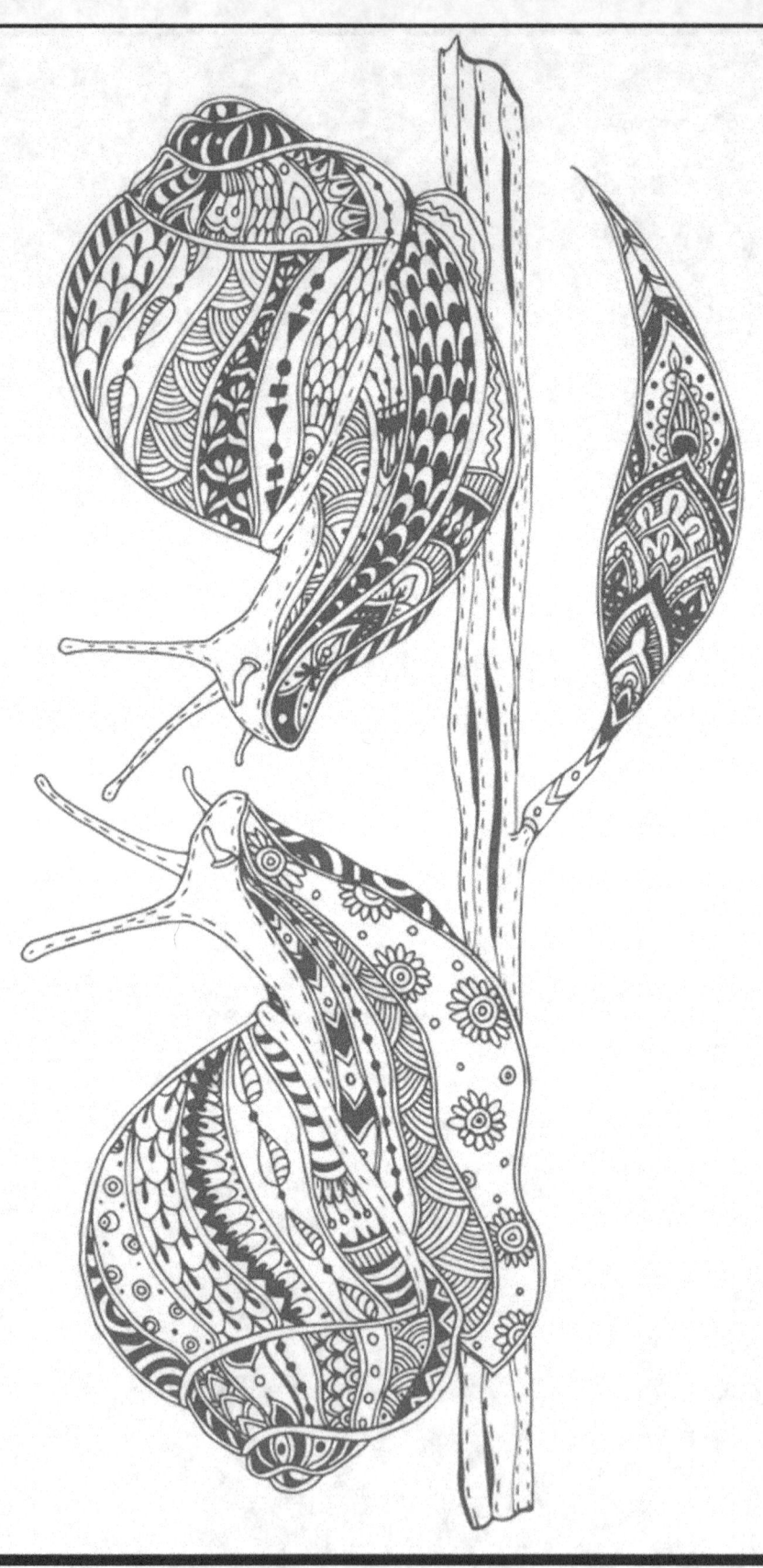

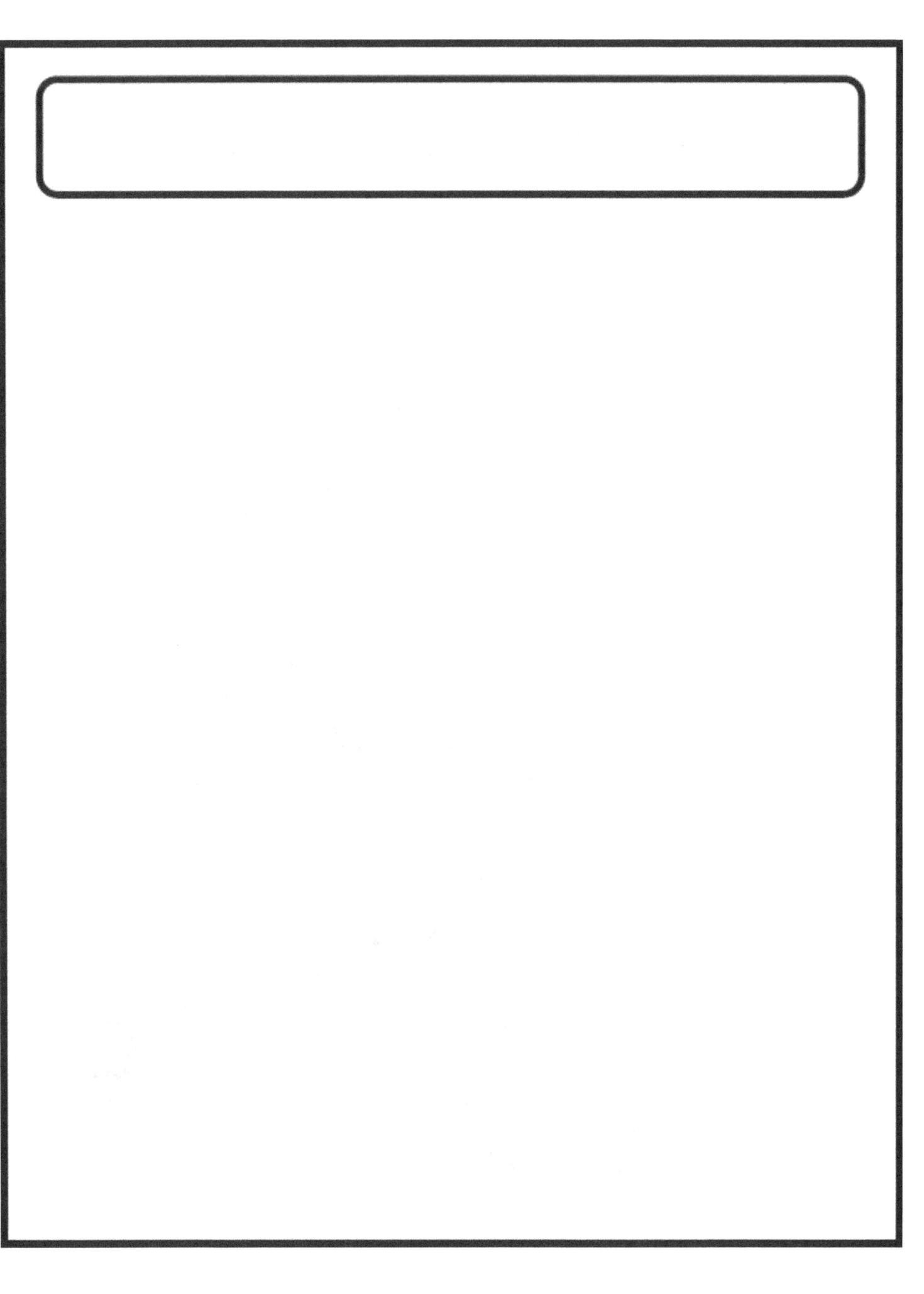

Colorea Este Caracol

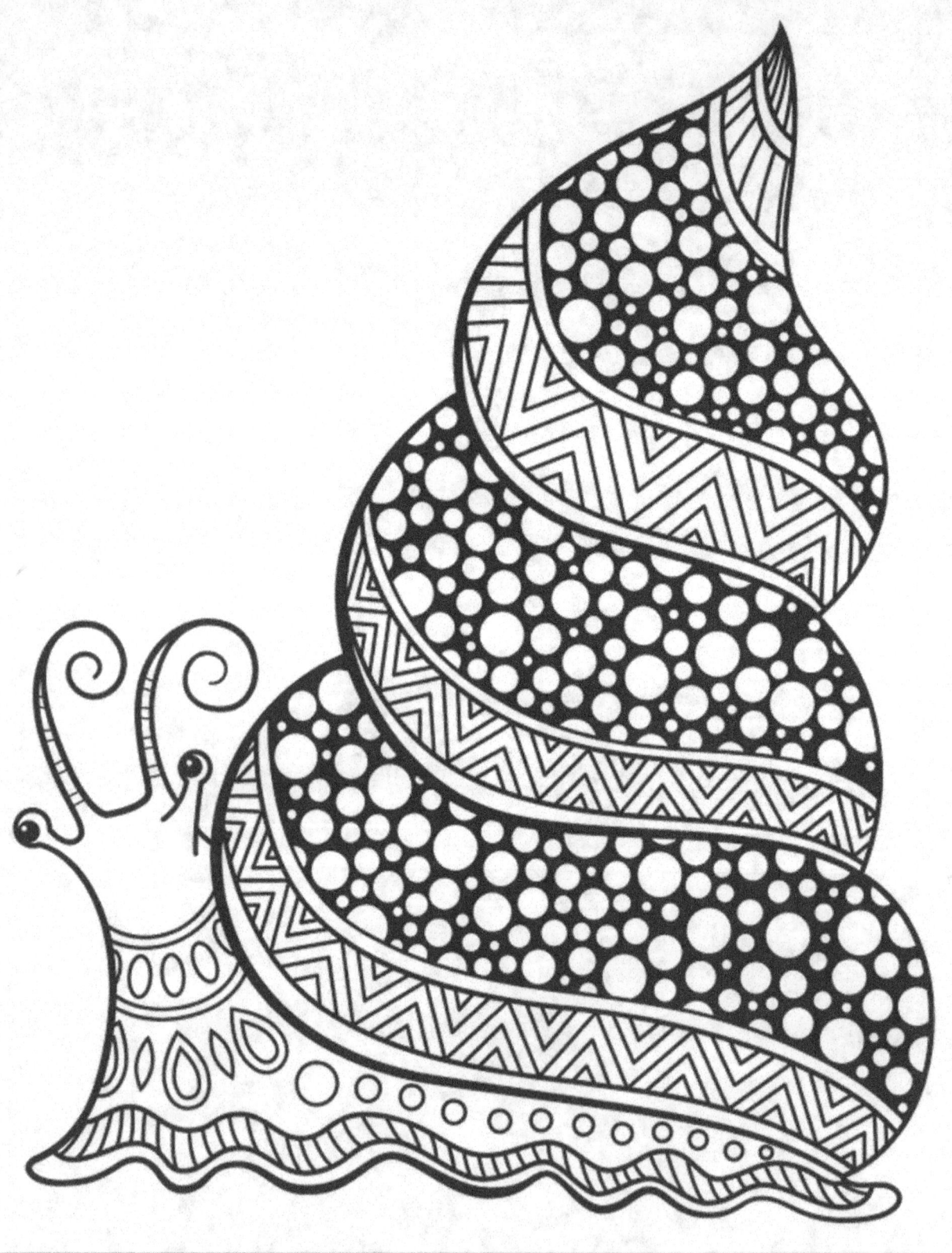

Colorea Este Caracol

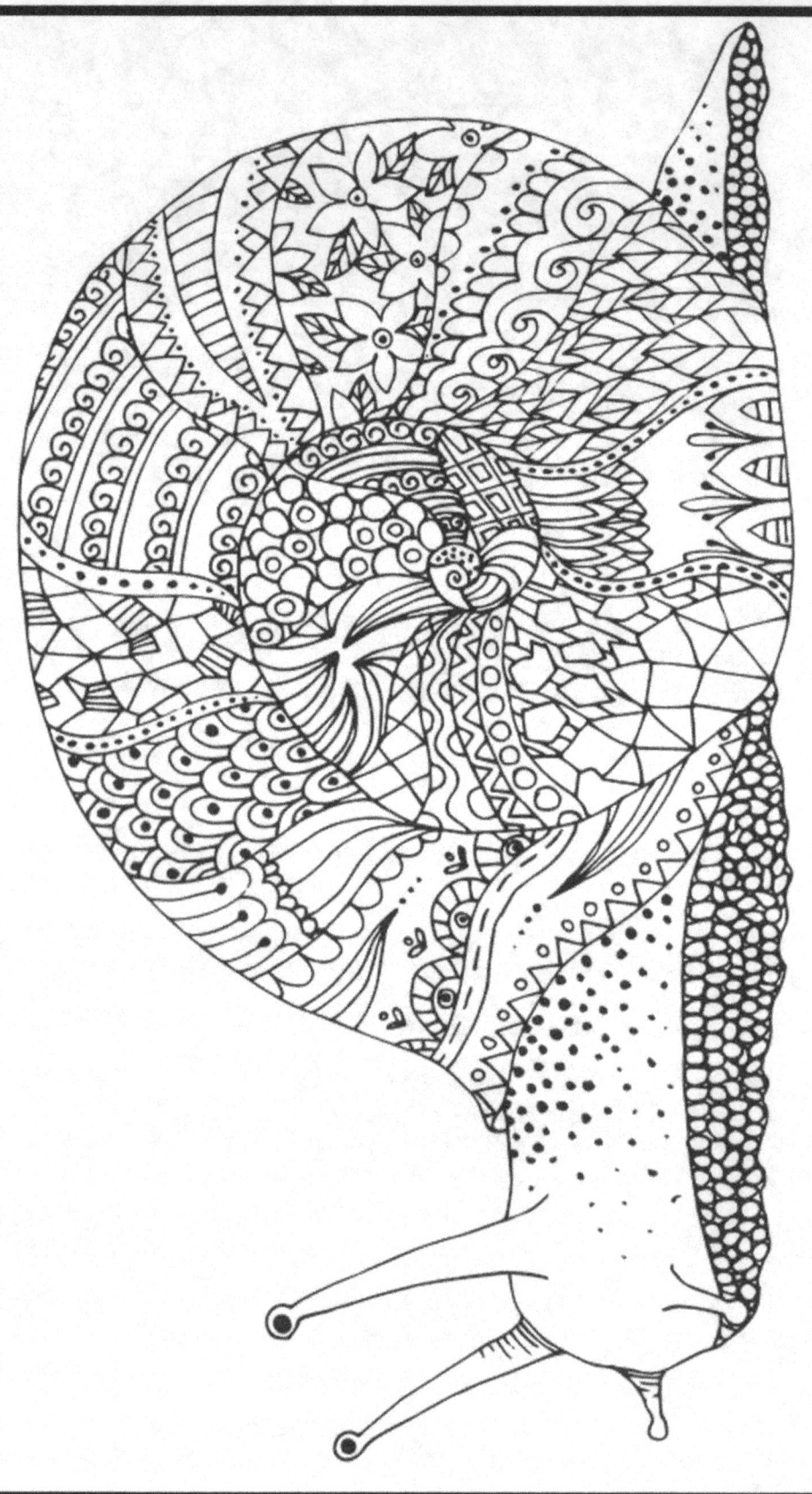

Colorea Este Caracol

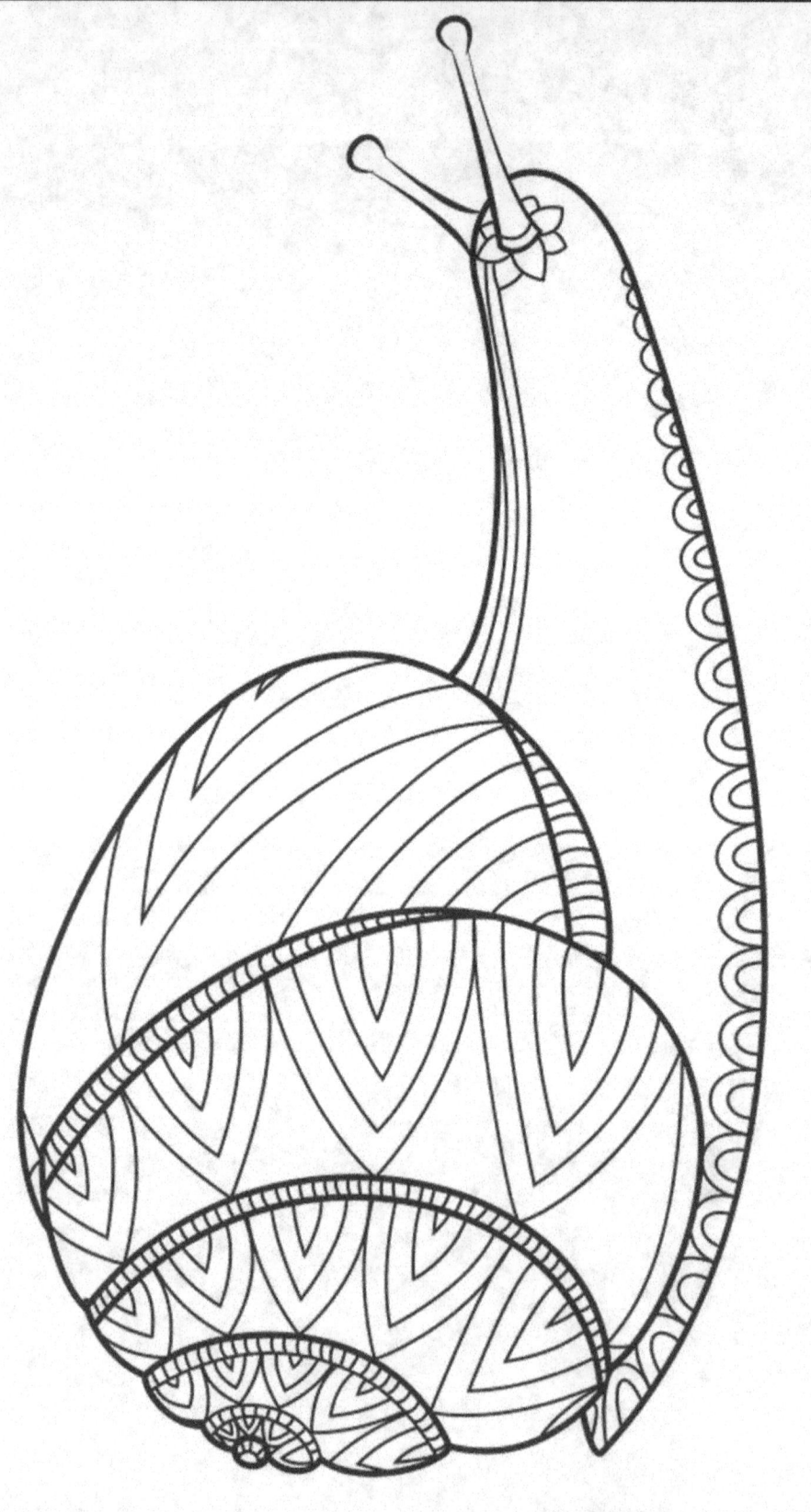

Colorea Este Caracol

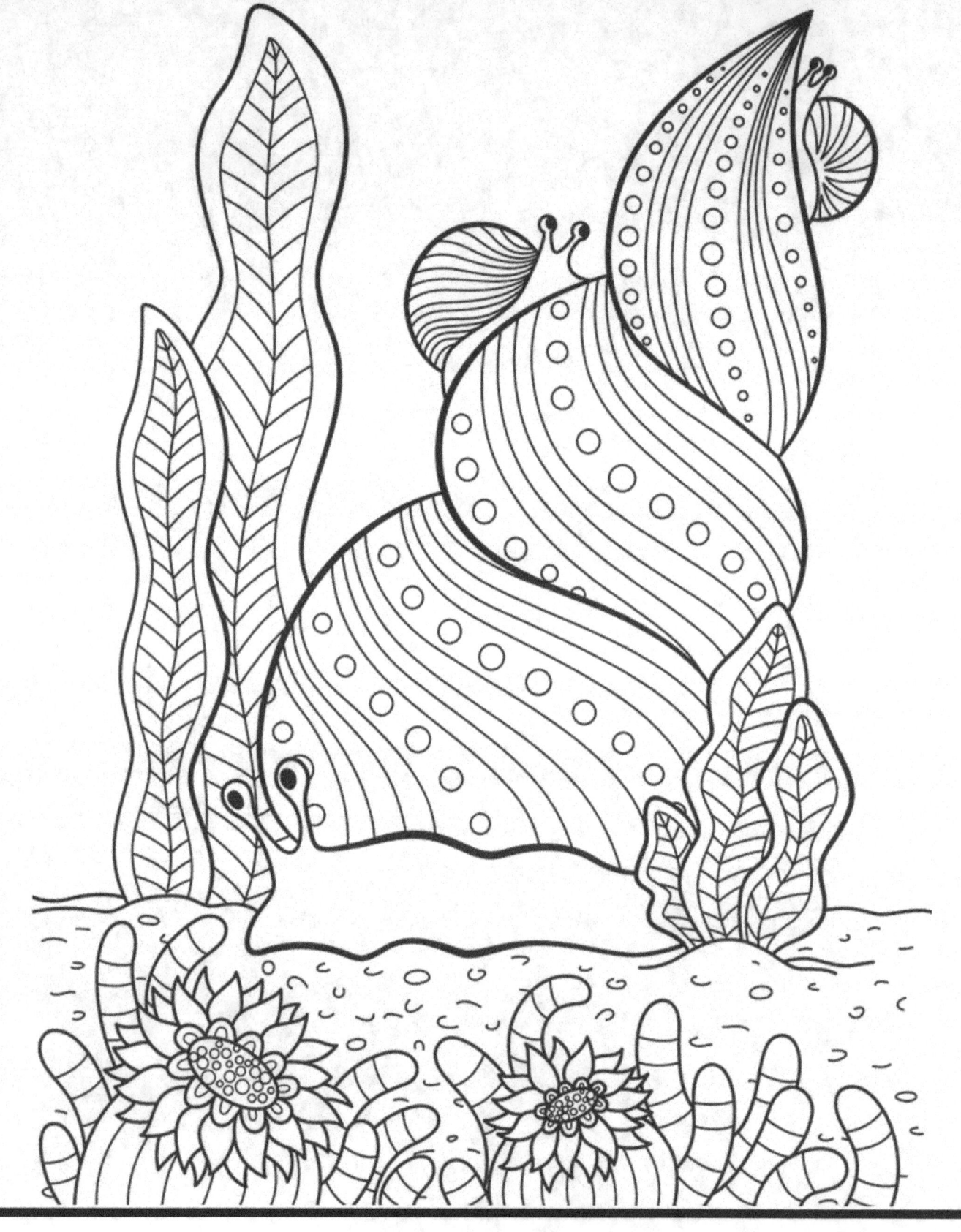

Colorea Este Caracol

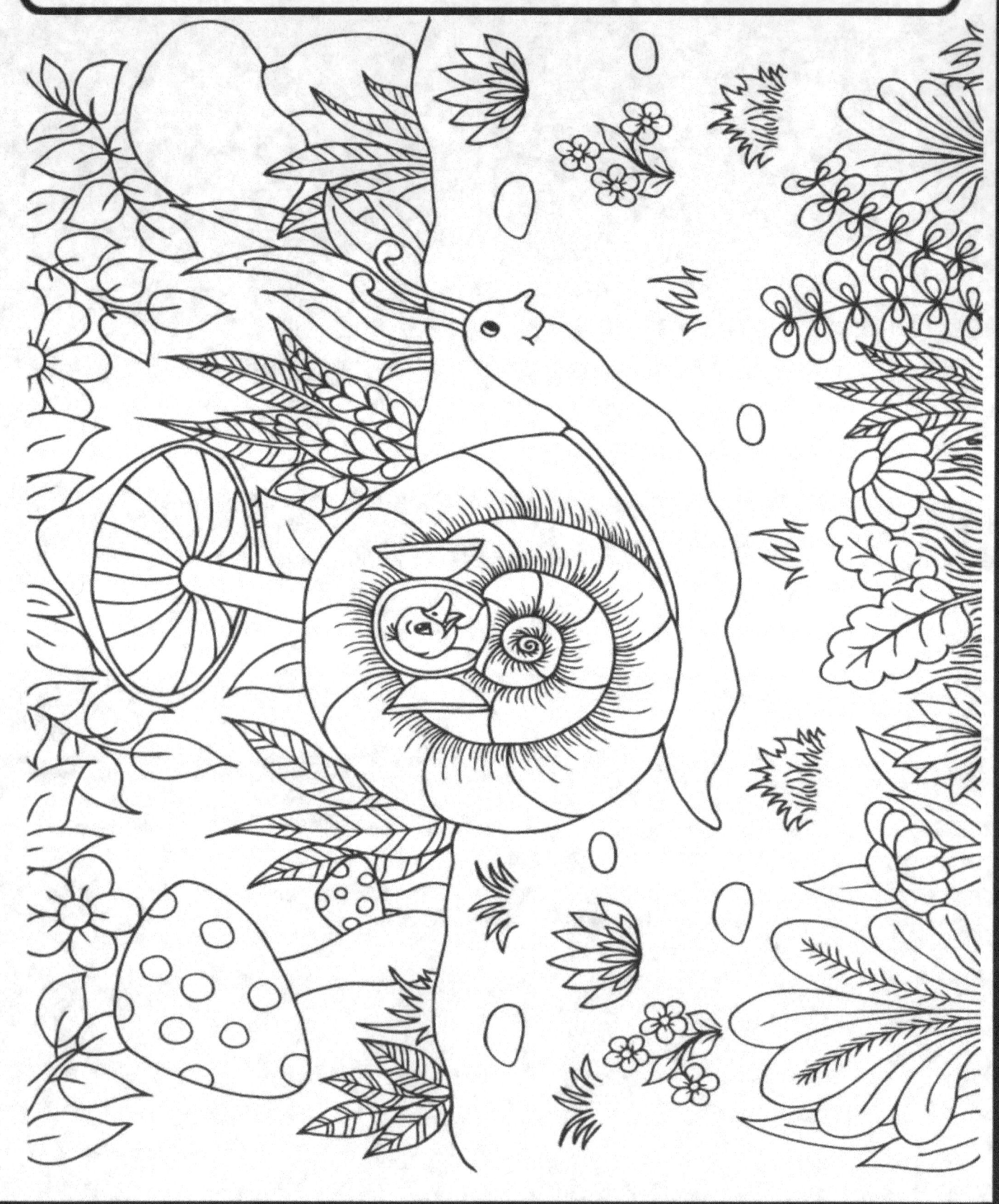

Colorea Este Caracol

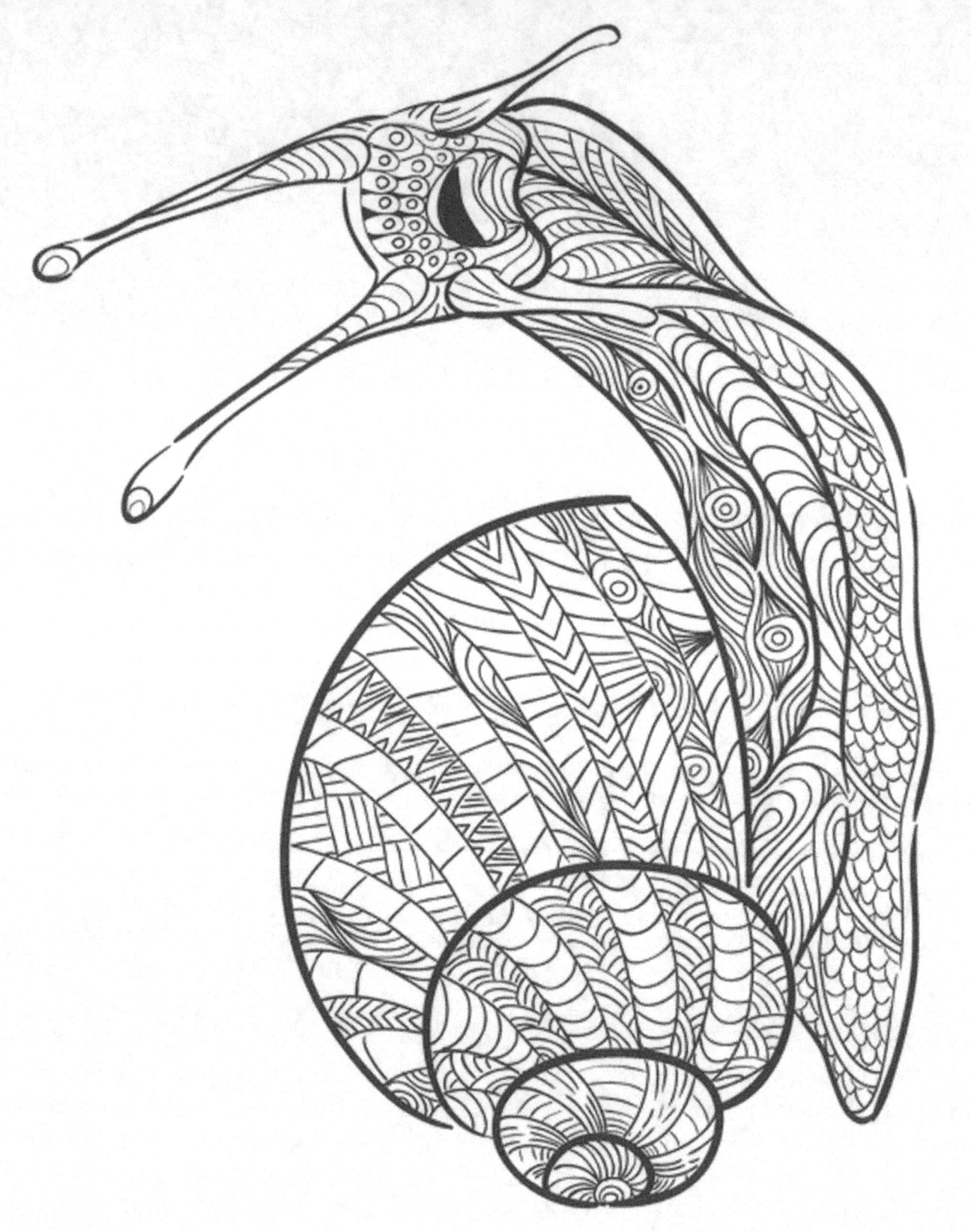

Colorea Este Caracol

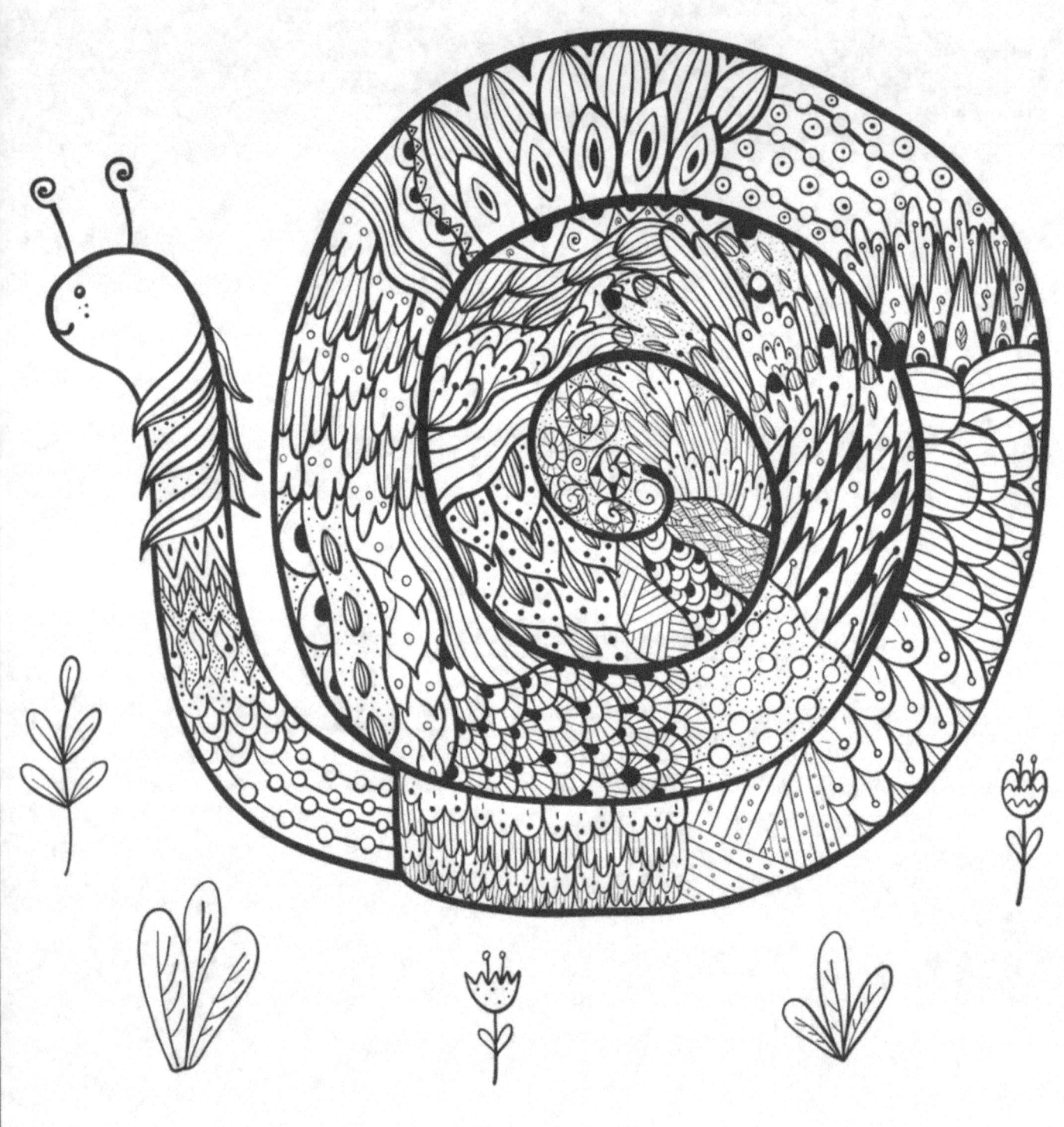

Colorea Este Caracol

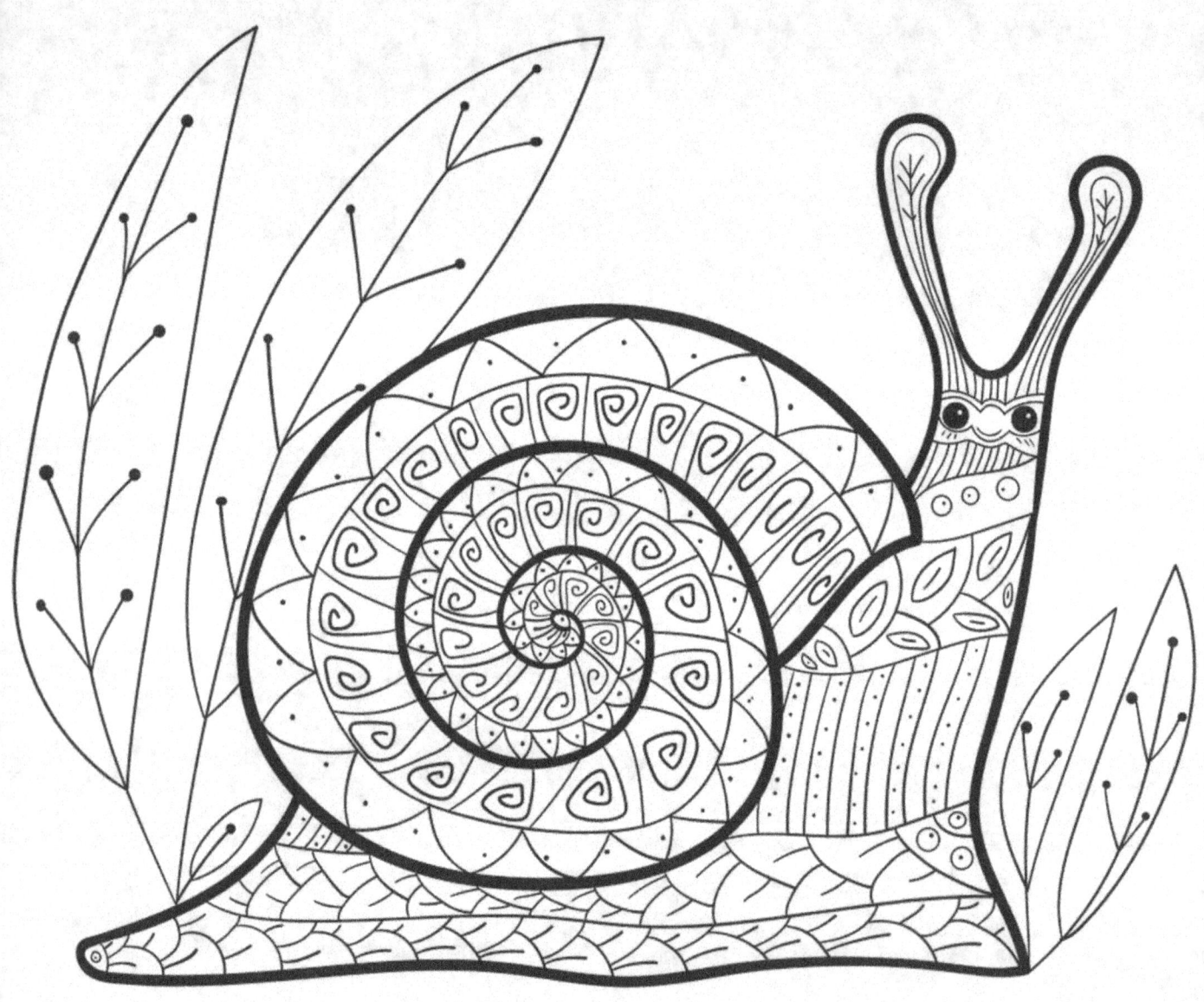

Colorea Este Caracol

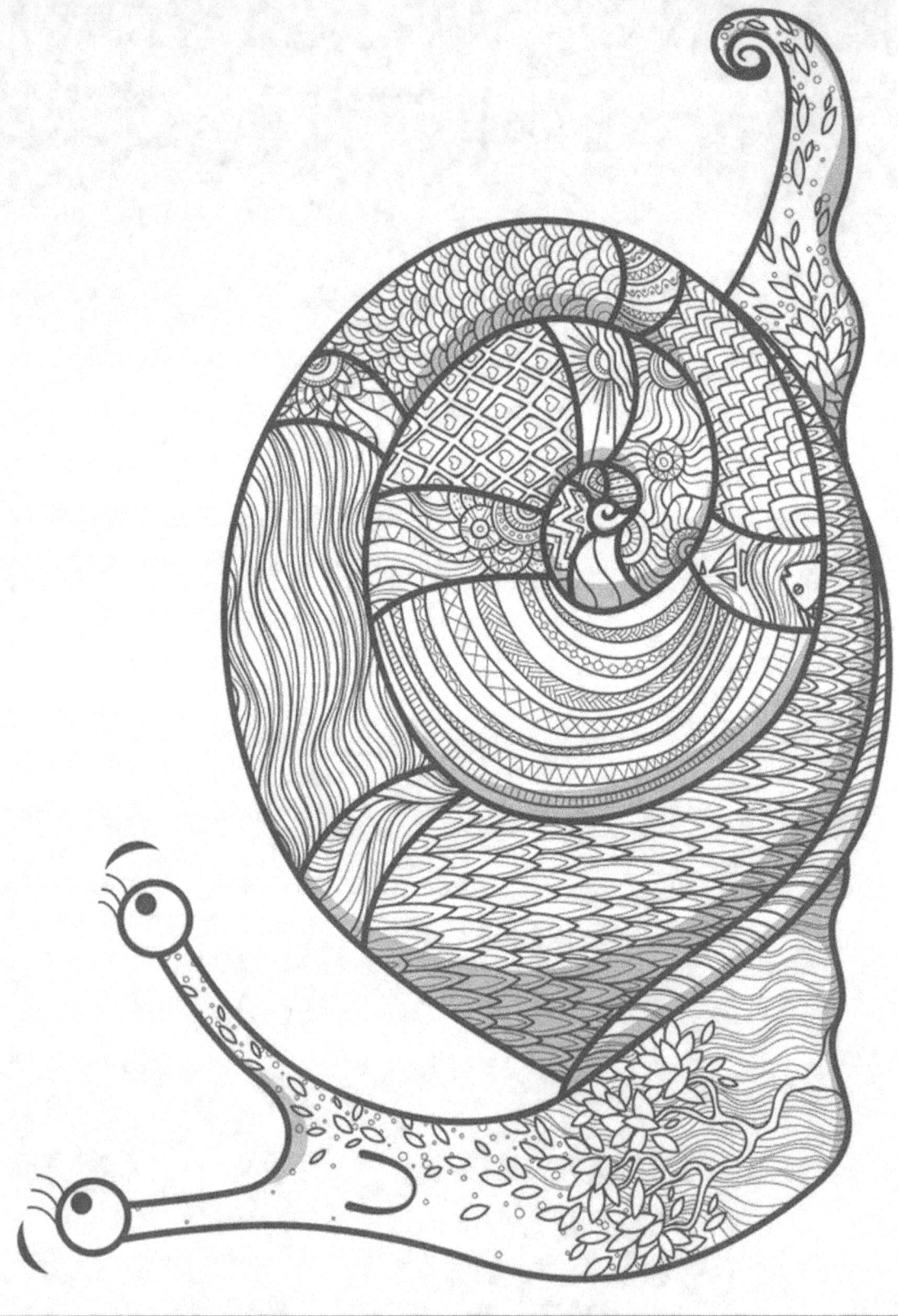

Colorea Este Caracol

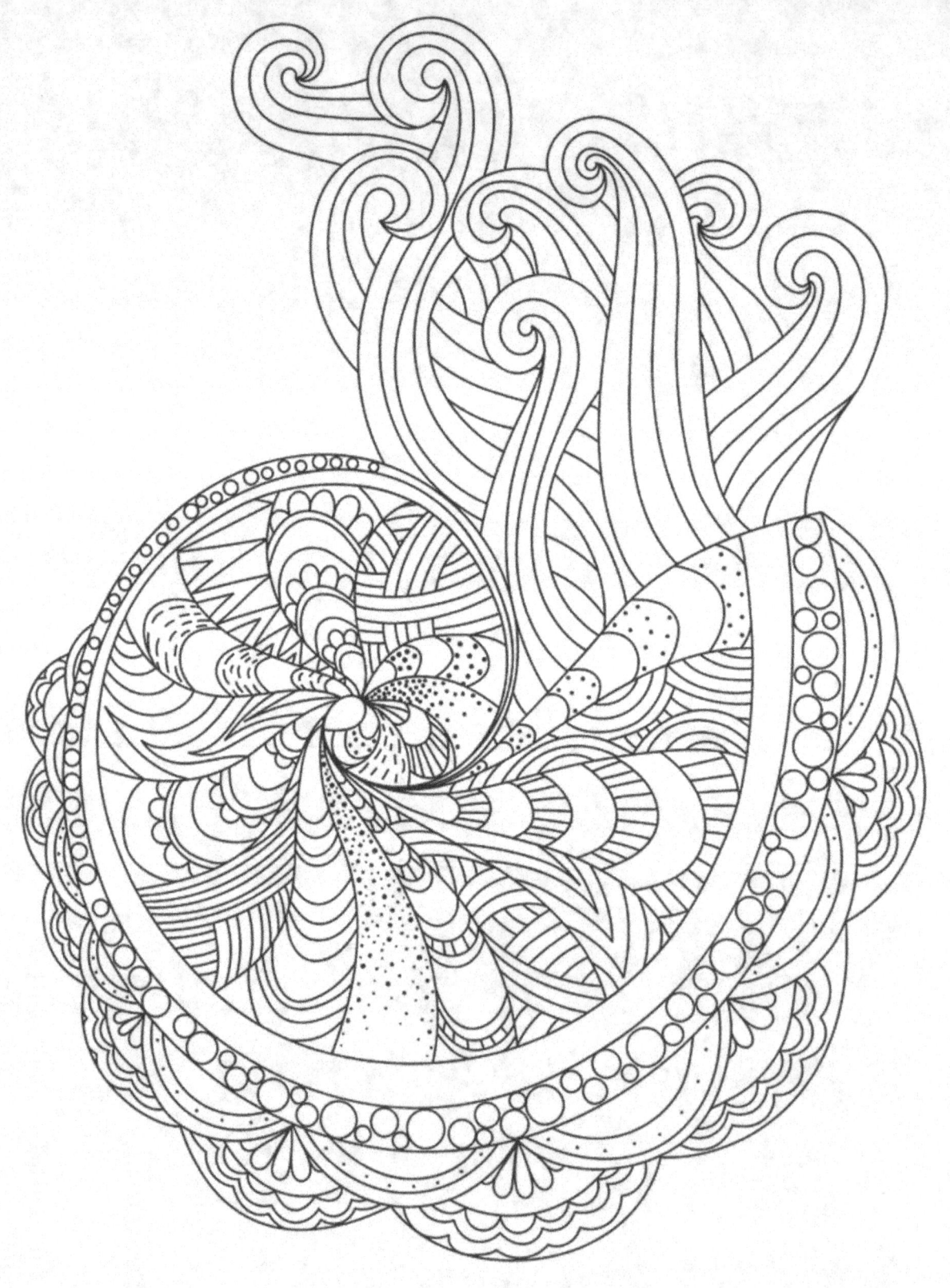

Colorea Este Caracol

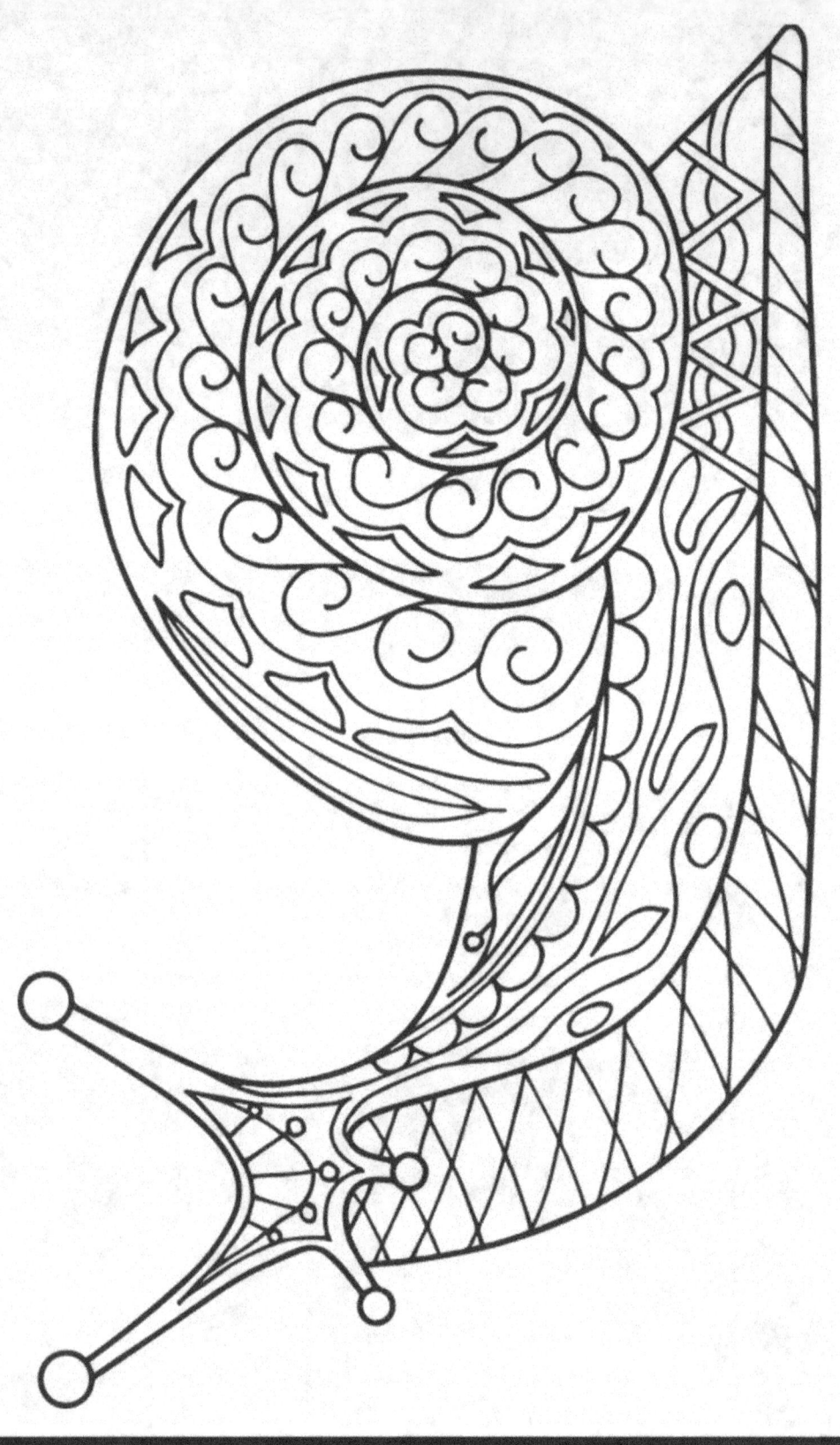

Colorea Este Caracol

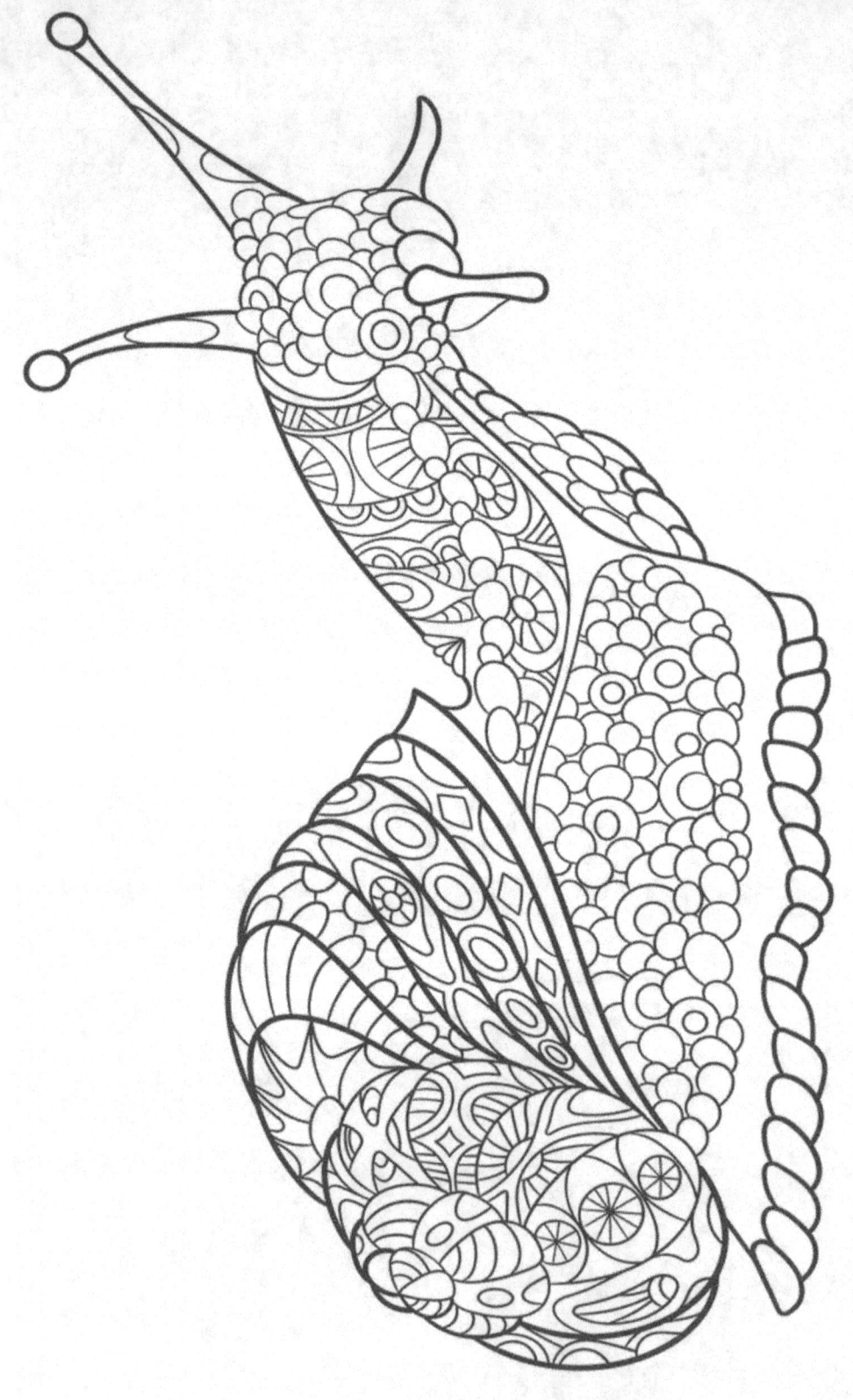

Colorea Este Caracol

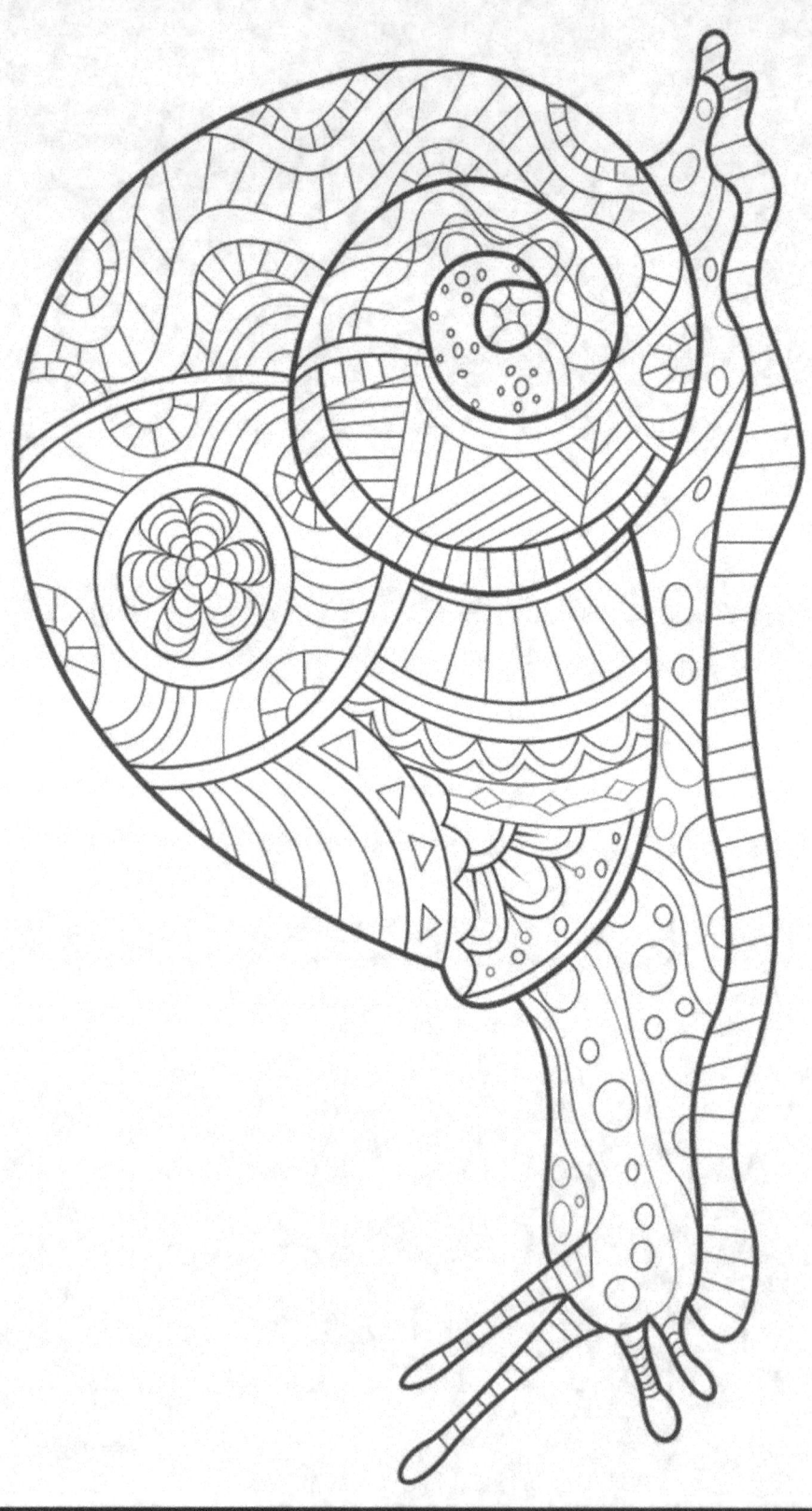

Colorea Este Caracol

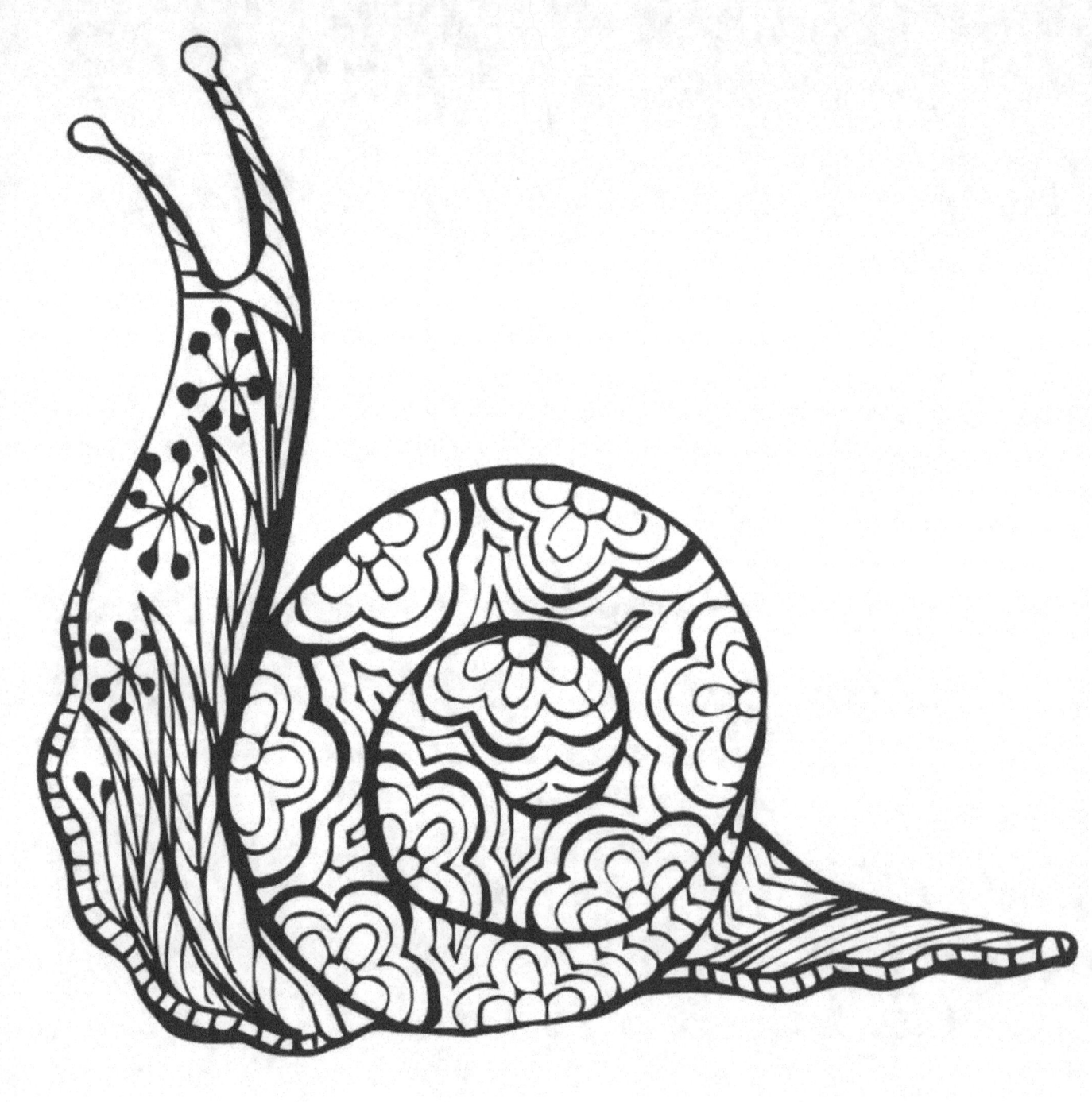

Colorea Este Caracol

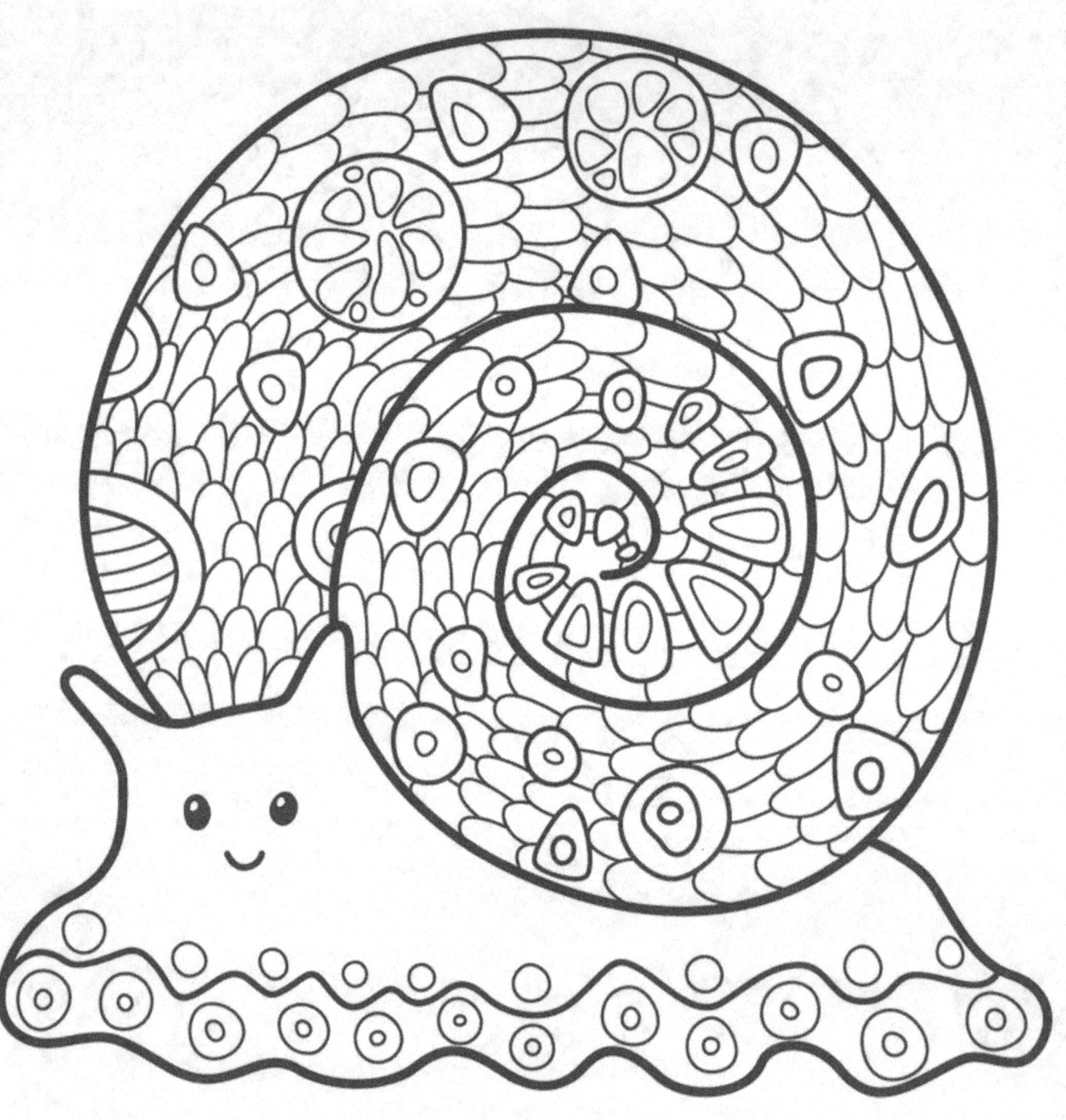

Colorea Este Caracol

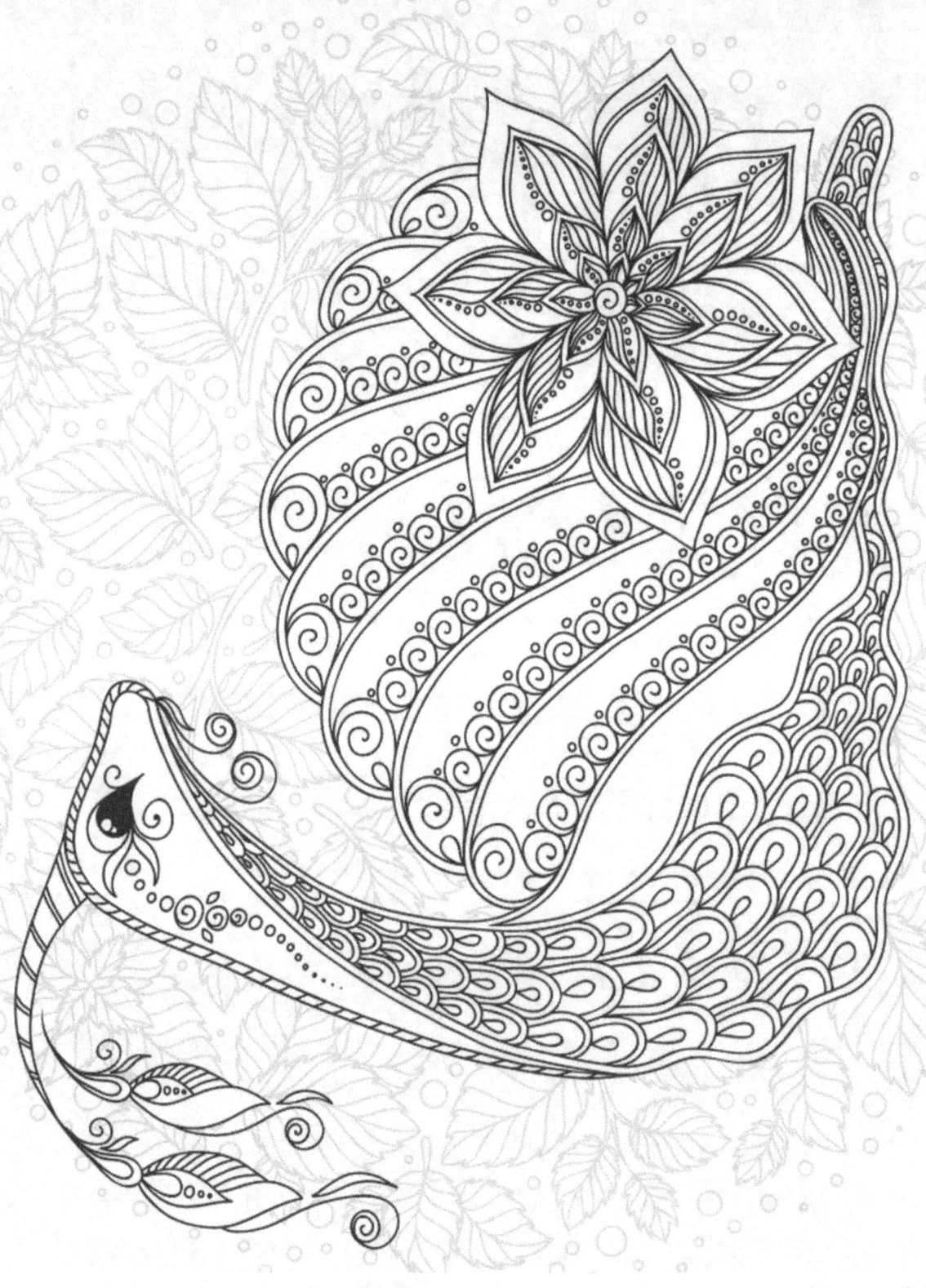

Colorea Este Caracol

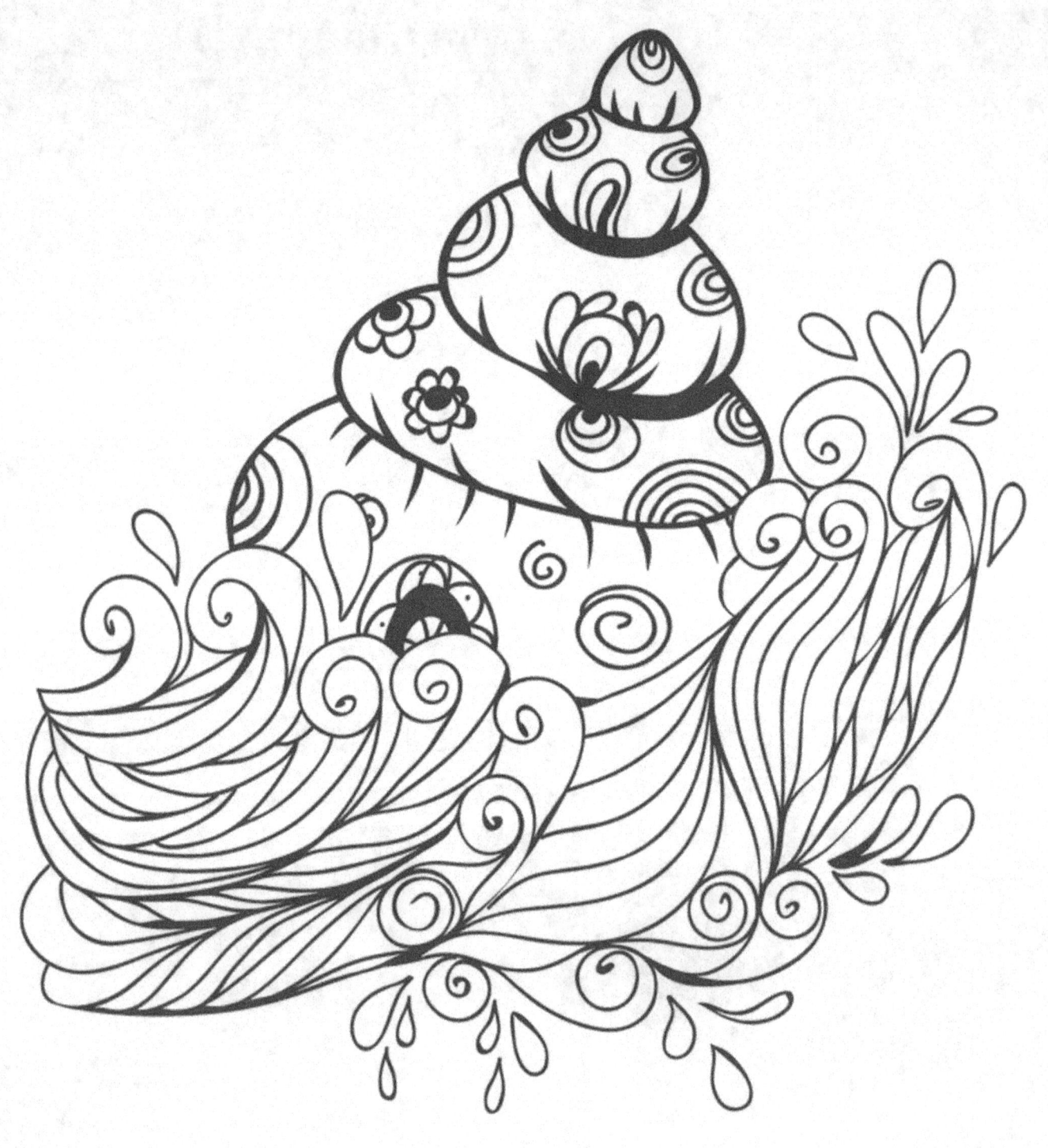

Colorea Este Caracol

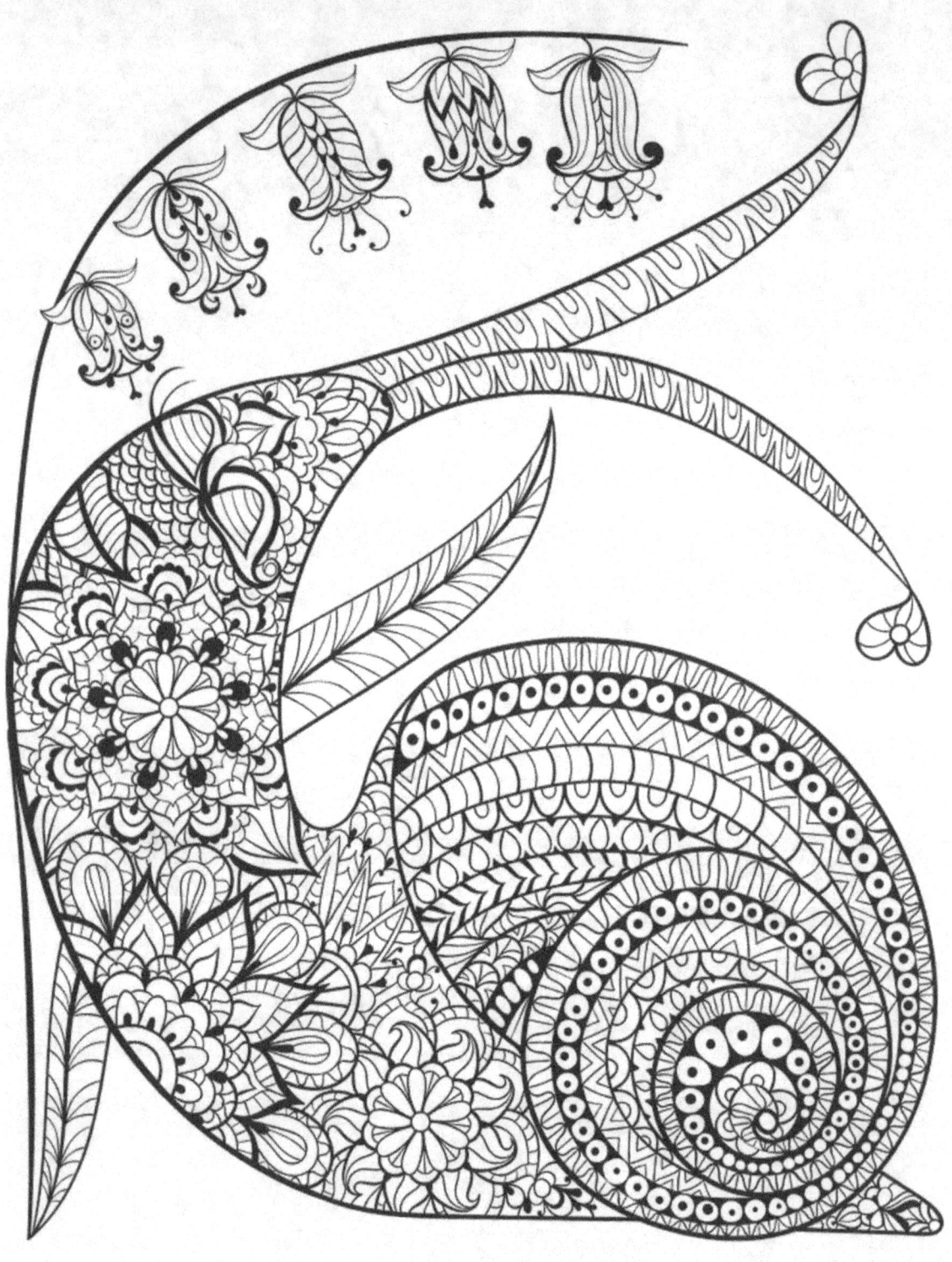